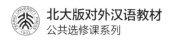

唱民歌_学汉语

主　编：欧阳祯人

副主编：周颖菁　刘莉妮　刘姝　熊莉　潘泰　洪豆豆

Learn Chinese Through
Singing Folk Songs

图书在版编目(CIP)数据

唱民歌学汉语/欧阳祯人主编. —北京：北京大学出版社，2019.9
ISBN 978-7-301-29136-8

Ⅰ.①唱… Ⅱ.①欧… Ⅲ.①汉语—对外汉语教学—教学参考资料 Ⅳ.①H195.4

中国版本图书馆CIP数据核字(2017)第328780号

书　　　名	唱民歌　学汉语
	CHANG MINGE XUE HANYU
著作责任者	欧阳祯人　主编
责 任 编 辑	王禾雨　任　蕾
标 准 书 号	ISBN 978-7-301-29136-8
出 版 发 行	北京大学出版社
地　　　址	北京市海淀区成府路205号　100871
网　　　址	http://www.pup.cn　　新浪微博:@北京大学出版社
电 子 信 箱	zpup@pup.pku.edu.cn
电　　　话	邮购部 010-62752015　发行部 010-62750672　编辑部 010-62753374
印 刷 者	三河市北燕印装有限公司
经 销 者	新华书店
	730毫米×980毫米　16开本　13.75印张　244千字
	2019年9月第1版　2019年9月第1次印刷
定　　　价	56.00元

未经许可，不得以任何方式复制或抄袭本书之部分或全部内容。
版权所有，侵权必究
举报电话: 010-62752024　电子信箱: fd@pup.pku.edu.cn
图书如有印装质量问题，请与出版部联系，电话: 010-62756370

　　《唱民歌 学汉语》共收录32首中国民歌。这些民歌在中国受到普遍欢迎,都是久唱不衰的金曲。外国学生将民歌作为语言材料进行汉语学习,不仅可以增强学习的趣味性,而且可以更好地帮助学生了解中国各民族人民的生活习惯、性格特点以及审美情趣。

　　本教材的编写依托民歌歌词,从字、词、句、篇、语法、修辞等方面,立足国际汉语教学的要求,设置了与歌词互为表里的汉语学习的框架体系,以加强学生对汉语的理解与运用能力培养。

　　我们十分重视发音训练,因此非常鼓励学生们进行歌词朗诵。这既是汉语学习的基础,也是唱好每一首歌的前提。朗诵歌词,我们要求字正腔圆,声情并茂,这对提高学生的表达能力,大有裨益。

　　练习部分完全立足于歌词,对其中出现的汉字、词语、句子、语法、修辞等重难点编制了相应的练习题,以帮助学生加深理解,提高运用能力。这些练习始终落脚于社会生活实际,解决的都是歌词里涉及的一些汉语习得问题。或者更加准确地说,我们是在借助歌词给我们提供的平台,帮助学生学习生活中的汉语。不仅如此,我们还针对民歌中涉及的民俗文化等内容设计了课堂讨论题和语言实践题。练习整体设计既灵活多样又突出重点,既花样翻

新又紧扣汉语学习的主题。

歌曲欣赏部分主要是背景知识和歌曲特色的介绍,此部分内容采用音频形式,学习者可扫描二维码下载收听。相对于民歌研究来讲,我们的阐述并不多,也不够深刻,但可以帮助学生加深对民歌的理解。

民歌的特点在于口耳相传,目前中国正式出版的民歌歌谱,与网络上流行的或歌唱家们即兴演唱的歌词、曲调并不完全相同。对于民歌这门独特的艺术形式来讲,这是很正常的事情。关键问题是我们要领会歌曲的思想内涵和审美情趣,要通过民歌去了解那个民族的性格特点。如果歌唱家们在曲调、歌词、篇章结构上有所改变或调整,那我们就应该好好想一想,这位歌唱家为什么要做这样的改变或调整。当然,本书的编写是以正式出版的民歌歌谱为依据的。

本教材既可以作为汉语培训教材,也可以作为文化选修课教材。课时安排方面,建议每周两节课,每两节课学习一篇课文。

希望同学们能够高高兴兴学唱歌,轻轻松松学汉语。

目录

第 一 课	牧歌	1
第 二 课	歌唱美丽的家乡	7
第 三 课	花儿为什么这样红	12
第 四 课	敖包相会	18
第 五 课	掀起你的盖头来	23
第 六 课	走西口	29
第 七 课	雨不洒花花不红	38
第 八 课	达坂城的姑娘	43
第 九 课	放马山歌	49
第 十 课	茉莉花	54
第十一课	绣荷包	59
第十二课	赶牲灵	64
第十三课	龙船调	70
第十四课	跑马溜溜的山上	76
第十五课	小河淌水	82
第十六课	采槟榔	87

第十七课	我的花儿	93
第十八课	阿斯利亚	100
第十九课	月亮走,我也走	106
第二十课	太阳出来喜洋洋	112
第二十一课	玛依拉	117
第二十二课	在那遥远的地方	124
第二十三课	可爱的一朵玫瑰花	130
第二十四课	采花	136
第二十五课	美丽的姑娘	142
第二十六课	四季歌	148
第二十七课	美丽的草原我的家	154
第二十八课	珠穆朗玛	161
第二十九课	蓝花花	168
第 三十 课	吐鲁番的葡萄熟了	174
第三十一课	三十里铺	182
第三十二课	无锡景	190

生词总表	200
编后记	212

第一课

Mùgē
牧歌

Měnggǔzú míngē
蒙古族 民歌

一、学唱

$1=G \frac{4}{4}$

```
3 5 - 55 | ⁵⁶7 6 - 67 | 3 5 - 56 | ⁵⁶5 - - - |
```
1. 蓝蓝　　的　　天空　　上　飘着　那　白云，
2. 羊群　　　　好像　　是　斑斑　的　白银，

```
5 1 - 12 | 3 2· 2 3 2 | 6 1· 1 2123 | 1 - - 0 ‖
```
白云　　　的　下面　盖着 雪白的羊　　　群。
撒在　　　草原上　多么 爱煞　　　　人！

二、歌词朗诵

Lánlán de tiānkōng shang piāozhe nà báiyún,
蓝蓝的天空 上 飘着那白云，

Báiyún de xiàmian
白云的下面

Gàizhe xuěbái de yángqún.
盖着 雪白 的 羊群。

Yángqún hǎoxiàng shì bānbān de báiyín,
羊群 好像 是 斑斑 的 白银,

Sǎ zài cǎoyuán shang
撒 在 草原 上

Duōme ài shà rén!
多么 爱 煞 人!

三、歌曲中的词语

1. 牧歌	mùgē	pastoral song
2. 民歌	míngē	folk song
3. 天空	tiānkōng	the sky
4. 飘	piāo	to float (in the air)
5. 下面	xiàmian	under; below
6. 盖	gài	to cover
7. 雪白	xuěbái	snow-white
8. 群	qún	group
9. 斑斑	bānbān	full of stains or spots
10. 白银	báiyín	silver
11. 撒	sǎ	to sprinkle

12. 草原　　　　cǎoyuán　　　　grassland
13. 煞　　　　　shà　　　　　　very

专有名词

蒙古族　　　　Měnggǔzú　　　　Mongolian nationality

1. 蓝蓝的天空上、白云的下面

"上"和"下面"都是方位词。方位词有单纯方位词和合成方位词两种。单纯方位词有"上""下""前""后""左""右""里""外""东""西""南""北"等。单纯方位词加"边""面"组成合成方位词，如"下边""下面""上边""上面"等。单纯方位词很少单用，合成方位词可以单用，前边也可以受定语修饰。如：

（1）桌子下有一个书包。
（2）后边是教学楼。
（3）玛丽左边那位同学叫大山。

2. 飘着那白云、盖着雪白的羊群

动词后边加动态助词"着"，表示动作或状态的持续。如：

（1）椅子上坐着一个老人。
（2）大家唱着歌，跳着舞，热闹极了。

3. 多么爱煞人

"多(么)"用来修饰形容词或心理动词,表示程度很高,用于感叹句,多带有夸张语气和强烈的感情色彩。如:

(1)他要是知道了该多(么)高兴!

(2)她是多(么)好的老师啊!

(3)我多(么)希望到那里去学习汉语!

五、歌词中的修辞手法:明喻

➡ 羊群好像是斑斑的白银。

比喻就是打比方,是用某些有相似点的事物来比拟想要说的事物,使表达更加生动鲜明。明喻是本体和喻体都出现,句中使用"像、好像、如、似、好似、仿佛、一般"等词的比喻方式。如:

(1)夏天的太阳像个大火球。

(2)她的笑脸,仿佛是盛开的花朵。

六、练习

(一)有感情地朗读歌词,注意语调

(二) 选择恰当的词语填空，每个词只能用一次

　　　　天空　　　飘　　　好像　　　雪白　　　多么

1. (　　　)中挂着一轮明月。
2. 大草原(　　　)一片绿色的海洋。
3. 白云在空中(　　　)过。
4. 这儿的春天(　　　)美丽啊!
5. 小兔子长着红红的眼睛,(　　　)的毛,很可爱!

(三) 选择恰当的方位词填空，每个词只能用一次

　　　　上边　里边　下面　前边　左边　后面　对面

1. 他住在我的(　　　　)。
2. 桌子(　　　)有一本词典和一支笔。
3. (　　　)的楼是1号教学楼,右边的楼是图书馆。
4. A:站在你(　　　)的那个学生是谁?
   B:他是马克,我在他的(　　　)。
5. 教室(　　　)有很多学生,他们在上汉语课。
6. 椅子(　　　)有一只猫,它正在睡觉呢。

(四) 用指定词语完成下面的句子

1. 教室的墙上＿＿＿＿＿＿＿＿＿＿＿＿＿＿＿。(贴、着)

2. 她喝了一点儿酒,＿＿＿＿＿＿＿＿＿＿＿＿＿＿＿＿＿。(好像)

3. 窗外的雪花＿＿＿＿＿＿＿＿＿＿＿＿＿＿＿＿＿＿＿。(像)

4. 我们大学的＿＿＿＿＿＿＿＿＿＿＿＿＿＿＿＿＿＿。(多么)

(五) 课堂讨论

当你听《牧歌》这首民歌时,会想到一幅怎样的画面？你见过这么美丽的草原和羊群吗？请说说你的感受。

第二课

Gēchàng Měilì de Jiāxiāng
歌唱 美丽 的 家乡

Miáozú fēigē
苗族 飞歌

一、学唱

$1=\text{A} \quad \dfrac{2}{4}$

5·3 | 5 - | 5 5 1 5 3 | 1 3 | 5 - | 1 0 5·3 |
登高 山　　望远　方哎，　　　　田

5 - | 3/4 5 5 1 5 3 1 | 2/4 3 1 6 | 5 0 5 3 | 5 - | 5 - 5 1 5 3 |
里　　谷米黄哎，　　　河水　　向东

1·6 | 5 - | 5/8 5 3 5 5 1 5 3 1 | 5 3 5 5 1 5 3 1 |
流，　　　炊烟在飘荡，我要歌唱这

5 3 5 5 1 5 3 1 | 2/4 3 1 6 | 5 0 ‖
美丽的家乡　　　哎！

二、歌词朗诵

Dēng gāoshān wàng yuǎnfāng āi,
登 高山 望 远方 哎，

Tián li gǔmǐ huáng āi,
田 里 谷米 黄 哎，

Héshuǐ xiàng dōng liú,
河水 向 东 流，

Chuīyān zài piāodàng,
炊烟 在 飘荡，

Wǒ yào gēchàng zhè měilì de jiāxiāng āi!
我 要 歌唱 这 美丽 的 家乡 哎！

三、歌曲中的词语

1. 歌唱	gēchàng	to praise (through songs, poems, etc.)
2. 美丽	měilì	beautiful
3. 家乡	jiāxiāng	hometown
4. 飞歌	fēigē	a kind of song of the Miao nationality
5. 登	dēng	to climb
6. 望	wàng	to gaze (into the distance)

7. 远方	yuǎnfāng	a distance place
8. 哎	āi	an interjection
9. 田	tián	field; farmland
10. 谷米	gǔmǐ	rice (*dialect*)
11. 炊烟	chuīyān	smoke from kitchen chimneys
12. 飘荡	piāodàng	to waft

专有名词

苗族	Miáozú	Miao nationality

1. 河水**向**东流

"向"作介词,后面跟表示处所或方位的名词时,可以表示动作的方向。如:

(1) 你顺着这条路一直向前走,路边的白房子就是。

(2) 从这里向左拐,再走不远,就能看到第一教学楼。

后面跟表人或事物的名词时,还可以表示行为的对象。如:

(1) 麦克考了第一名,大家都要向他学习。

(2) 我帮了她很大的忙,她向我表示感谢。

2. 炊烟在飘荡

这里的"在"修饰后面的动词,表示动作正在进行。如:

(1)现在别给他打电话,他在上课。

(2)明天再走吧,现在外面在下雪呢。

(一)有感情地朗读歌词,注意语调

(二)选择恰当的介词填空

向　　对　　给　　从　　离

1. 谢谢你(　　　)我的关心。

2. 妈妈,(　　　)我买一个芭比娃娃吧。

3. 这件事你确实不对,你应该(　　　)她道歉。

4. 我(　　　)小时候起,就(　　　)中国功夫很感兴趣。

5. 请代我(　　　)你妈妈问好。

6. 学校(　　　)这儿不远,走路十五分钟。

(三)说说下面句子中"在"的不同意义

1. 我还在宿舍呢,还没走。

2. 你在哪儿学习汉语?

3. 小王经常在网上买东西,和网友聊天儿。

4. 你在吃饭吗?

5. 请问,张校长在吗?

6. 他们在上课呢,我们等一会儿吧。

(四)课堂讨论

1. 这首歌中描绘的家乡是什么样子的?

2. 准备一张自己家乡的照片,在课堂上向同学们介绍一下自己的家乡。

第三课

花儿为什么这样红

Huā'ér Wèi Shénme Zhèyàng Hóng

zuòcí: Léi Zhènbāng zuòqǔ: Léi Zhènbāng
作词：雷振邦 作曲：雷振邦

一、学唱

1=C 3/4

深厚、抒情

| 6 76 56 | 7 12 1 1 | 6· 1 7 #56 | 6 - | 6 1 7 6 |

花　　儿为什么　这样　　红？　　为什么
花　　儿为什么　这样　　鲜？　　为什么

| #5 6 5 45 4 | 3 0 2 3 | 3 - | 2· 1 2 | 3· 4 | 2 4 3 2 |

这　　　样红？　哎！　　　　红得　鲜得

这　　　样鲜？　哎！

| 2· 1 1 | 1 3 3 3 2 3 | 2 1 1· 7 | 7 0 #5 6 | 7 12 1 |

好　像，红得好像　燃烧的　火，它象　征　着
使　人，鲜得使人　不忍离　去，它是　用　了

12

$6 \cdot \dot{1}$ 76 | #56 5 $\overset{45}{4}$ | 32 3$\overset{5}{4}$3 | 3 — | 3 — ‖

纯　洁的　友　　　谊和 爱　　情。
青　春的　血　　　液来 浇　　灌。

二、歌词朗诵

Huā'ér wèi shénme zhèyàng hóng? Wèi shénme zhèyàng hóng?
花儿 为什么 这样 红？为什么 这样 红？

Āi!
哎！

Hóng de hǎoxiàng, hóng de hǎoxiàng ránshāo de huǒ,
红 得 好像，红 得 好像 燃烧 的 火，

Tā xiàngzhēngzhe chúnjié de yǒuyì hé àiqíng.
它 象征着 纯洁 的 友谊 和 爱情。

Huā'ér wèi shénme zhèyàng xiān? Wèi shénme zhèyàng xiān?
花儿 为什么 这样 鲜？为什么 这样 鲜？

Āi!
哎！

Xiān de shǐ rén, xiān de shǐ rén bù rěn líqù,
鲜 得 使 人，鲜 得 使 人 不 忍 离去，

Tā shì yòngle qīngchūn de xuèyè lái jiāoguàn.
它 是 用了 青春 的 血液 来 浇灌。

三、歌曲中的词语

1.	影片	yǐngpiàn	film; movie
2.	冰山	bīngshān	iceberg
3.	来客	láikè	guest; visitor
4.	插曲	chāqǔ	songs in a film or play
5.	燃烧	ránshāo	to blaze
6.	火	huǒ	fire
7.	象征	xiàngzhēng	to signify
8.	纯洁	chúnjié	pure
9.	爱情	àiqíng	love
10.	鲜	xiān	fresh
11.	使	shǐ	to make (sb. do sth.)
12.	忍	rěn	to bear
13.	离去	líqù	to leave
14.	青春	qīngchūn	youth
15.	血液	xuèyè	blood
16.	浇灌	jiāoguàn	to water; to irrigate

四、歌词中的语法

1. 红**得**好像燃烧的火、鲜**得**使人不忍离去

形容词后面用"得"连接补语,对结果、程度、状态等进行描述、判断或评价。如:

(1)那儿的风景漂亮得像画儿一样。

(2)听到这个好消息,他们高兴得跳起来了。

2. **燃烧**的火、**纯洁**的友谊和爱情、**青春**的血液

"燃烧""纯洁""青春"在这里作定语。一般的实词和短语都可以充当定语,定语对中心语起到修饰限定作用,例如表示领属、时地、指示、数量、行为、归属、内容、性状等。如:

(1)这个地方　　(2)在中国学习的学生　　(3)三支笔

(4)去北京的人　(5)汉语词典　　　　　　(6)美丽的公园

五、歌词中的修辞手法:设问

➡ 花儿为什么这样红?它象征着纯洁的友谊和爱情。

设问,就是无疑而问,自问自答,以引起读者注意和思考问题。如:

(1)学生要努力学习吗?当然要。

(2)谁是最可爱的人呢?我们的战士,我觉得他们是最可爱的人。

六、练习

(一) 有感情地朗读歌词,注意语调

(二) 选择恰当的词语填空

的　　地　　得

1. 多么美丽(　　)校园啊!
2. 一听说孩子病了,她急急忙忙(　　)跑回家去了。
3. 快睡吧,我困(　　)眼睛都睁不开了。
4. 她长(　　)很可爱,弯弯(　　)眉毛,小小(　　)酒窝。
5. 我这么努力(　　)工作就是为了让妈妈生活(　　)更好一点儿。

(三) 用明喻或设问的修辞方式完成下面的句子

1. 一望无际的草原,_____(明喻)
2. 花儿为什么这样红?_____(设问)
3. 你知道我为什么要来中国学习汉语吗?_____(设问)
4. 朵朵鲜花_____(明喻)

(四) 课堂讨论

　　这首歌的歌名是《花儿为什么这样红》,你认为它表达了怎样的含义?

(五)语言实践

　　这首歌是电影《冰山上的来客》的主题曲,请观看这部电影,联系电影内容体会这首歌所表达的含义。

第四课

敖包 相会
Áobāo Xiānghuì

zuòcí: Mǎlāqìnfū zuòqǔ: Tōng Fú
作词：玛拉沁夫 作曲：通 福

一、学唱

1=F 4/4

```
6 6 1 | 1 6 5 3 | 3 5 6 5·6 1 | 6 - - - |
十 五 的 月    亮  升 上 了 天  空  哟，
如 果 没 有    天  上 的 雨  水  哟，

6 6 1 | 1 6 5 3 | 3 5 6 5 6 1 6 5 | 3 - - - |
为 什 么 旁    边  没 有 云       彩？
海 棠 花 儿    不  会 自 己       开。

3·5 6 1 | 3 2 1 6 | 2 2 1 2·3 6 5 | 3 - - |
我  等 待 着  美 丽 的 姑  娘 哟 嗬，
只  要 哥 哥 你 耐 心 地 等  待 哟 嗬，
```

```
3·5 661 32 16 | 2·5 33 16 21 | 6 - - 6 ‖
你 为 什么   还  不到 来哟 嗬   咿?
你 心上的人儿 就  会跑过 来哟 嗬   咿!
```

二、歌词朗诵

Shíwǔ de yuèliang shēngshangle tiānkōng yō,
十五的月亮 升上了 天空哟,

Wèi shénme pángbiān méiyǒu yúncǎi?
为什么 旁边 没有 云彩?

Wǒ děngdàizhe měilì de gūniang yō hē,
我 等待着 美丽 的 姑娘 哟 嗬,

Nǐ wèi shénme hái bú dàolái yō hē yī?
你为什么还不到来哟嗬咿?

Rúguǒ méiyǒu tiānshang de yǔshuǐ yō,
如果没有 天上 的 雨水 哟,

Hǎitáng huā'ér bú huì zìjǐ kāi.
海棠花儿不会 自己开。

Zhǐyào gēge nǐ nàixīn de děngdài yō hē,
只要哥哥你耐心地 等待哟嗬,

Nǐ xīnshang de rén'ér jiù huì pǎo guolai yō hē yī!
你心上的人儿就会跑过来哟嗬咿!

三、歌曲中的词语

1.	敖包	áobāo	a pile of stones, earth or grass used by Mongolians as a road sign or a boundary sign
2.	晨曲	chénqǔ	morning song
3.	升	shēng	to rise
4.	云彩	yúncǎi	cloud
5.	等待	děngdài	to wait
6.	到来	dàolái	to arrive
7.	如果	rúguǒ	if; in case (of)
8.	雨水	yǔshuǐ	rainwater
9.	海棠	hǎitáng	Chinese flowering crabapple
10.	只要	zhǐyào	if only; as long as
11.	耐心	nàixīn	patient

四、歌词中的语法

1. <u>如果</u>没有天上的雨水哟,海棠花儿不会自己开。

"如果……(就)……"是假设句。"如果"后面提出一种假设,后面的分句说出在这种情况下会出现的结果。也常说"要是……就……"。如:

（1）如果明天天气好,我们就去春游。

（2）你要是有事找我,就打我的手机。

2. 海棠花儿不会<u>自己</u>开

"自己"可以放在动词或形容词前面。这里的"自己",代指前面提到的名词或代词,强调不借助外力。如:

（1）门怎么自己关上了?

（2）这次生病我没打针,也没吃药,在家休息了两天,病就自己好了。

3. <u>只要</u>哥哥你耐心地等待哟嗬,你心上的人儿<u>就</u>会跑过来。

"只要……就……"是充分条件句。"只要"后面提出一种需要的条件,"就"后面是必然会产生的结果。如:

（1）只要你坚持每天锻炼,身体就一定会越来越好。

（2）只要大家都去,我就去。

五、练习

（一）有感情地朗读歌词,注意语调

(二) 完成句子

1. 如果你没来中国,_____。
2. 只要你努力工作,_____。
3. 只要_____,就能提高汉语水平。
4. 你要是想参加比赛,_____。

(三) 选择恰当的词语填空

自己　　别人　　人家

1. 这是你(　　　)的事情,应该(　　　)做。
2. 你看看(　　　)小张,一下班就回家做饭,多勤快。
3. 家里只有我一个人,没有(　　　)。
4. 妈,(　　　)已经不是小孩子了,你就别管我了。

(四) 课堂讨论

1. 这首歌的主要内容是什么?它表达了歌者怎样的心情?
2. 中国有许多和这首歌意境相似的古诗,请找出一首,说说诗的含义。

(五) 语言实践

两人一组设计舞蹈动作,完成之后大家边唱边跳表演一下。

第五课

Xiānqǐ Nǐ de Gàitou Lái
掀起你的盖头来

Wéiwú'ěrzú mínge
维吾尔族 民歌

zhěnglǐ: Wáng Luòbīn
整理：王 洛宾

一、学唱

$1=G \dfrac{2}{4}$

| 5 1 1 1 4 3 | 2· 4 3 ‖ 3 3 1 1 4 3 | 2· 4 3 0 |

掀起了 你的　　盖头来，让 我 看 看　你的眉。
掀起了 你的　　盖头来，让 我 看 看　你的眼。
掀起了 你的　　盖头来，让 我 看 看　你的嘴。
掀起了 你的　　盖头来，让 我 看 看　你的脸。

| 4 4 4 5 4 | 3 4 3 2 1 0 | 2 2 2 2 4 3 2 | 1 5 5 5 |

你的眉 儿　细又长呀，好像那树上的　弯月亮。
你的眼 儿　明又亮呀，好像那水波　一模样。
你的嘴 儿　红又小呀，好像那五月的　甜樱桃。
你的脸 儿　红又圆呀，好像那苹果　到秋天。

```
4 4  4 5 4 | 3 4 3 2  1 0 | 2 2 2  2 4 3 2 | 1 1  1 0 :||
你的 眉  儿  细又  长 呀,   好像那 树上的    弯月  亮。
你的 眼  儿  明又  亮 呀,   好像那 水波      一模  样。
你的 嘴  儿  红又  小 呀,   好像那 五月的    甜樱  桃。
你的 脸  儿  红又  圆 呀,   好像那 苹果      到秋  天。
```

二、歌词朗诵

Xiānqǐle nǐ de gàitou lái,
掀起了你的盖头来,

Ràng wǒ kànkan nǐ de méi.
让 我看看你的眉。

Nǐ de méi'ér xì yòu cháng ya,
你的眉儿细又 长 呀,

Hǎoxiàng nà shù shang de wān yuèliang.
好像 那树上 的弯月亮。

Nǐ de méi'ér xì yòu cháng ya,
你的眉儿细又 长 呀,

Hǎoxiàng nà shù shang de wān yuèliang.
好像 那树上 的弯月亮。

Xiānqǐle nǐ de gàitou lái,
掀起了你的盖头来,

Ràng wǒ kànkan nǐ de yǎn.
让 我看看你的眼。

Nǐ de yǎn'ér míng yòu liàng ya,
你的眼儿明又 亮 呀,

Hǎoxiàng nà shuǐbō yì múyàng.
好像 那水波一模样。

Nǐ de yǎn'ér míng yòu liàng ya,
你的眼儿明 又 亮 呀,

Hǎoxiàng nà shuǐbō yī múyàng.
好像 那水波一模样。

Xiānqǐle nǐ de gàitou lái,
掀起了你的盖头来,

Ràng wǒ kànkan nǐ de zuǐ.
让 我看看你的嘴。

Nǐ de zuǐ'ér hóng yòu xiǎo ya,
你的嘴儿红 又 小 呀,

Hǎoxiàng nà wǔyuè de tián yīngtáo.
好像 那五月的甜 樱桃。

Nǐ de zuǐ'ér hóng yòu xiǎo ya,
你的嘴儿红 又 小 呀,

Hǎoxiàng nà wǔyuè de tián yīngtáo.
好像 那五月的甜 樱桃。

Xiānqǐle nǐ de gàitou lái,
掀起了你的盖头来,

Ràng wǒ kànkan nǐ de liǎn.
让 我看看你的脸。

Nǐ de liǎn'ér hóng yòu yuán ya,
你的脸儿红 又 圆 呀,

Hǎoxiàng nà píngguǒ dào qiūtiān.
好像 那苹果到 秋天。

Nǐ de liǎn'ér hóng yòu yuán ya,
你的脸儿红 又 圆 呀,

Hǎoxiàng nà píngguǒ dào qiūtiān.
好像 那 苹果到 秋天。

三、歌曲中的词语

1. 掀起	xiānqǐ	to uncover; to unveil
2. 盖头	gàitou	Chinese bridal veil (a red veil made of silk to cove bride's face)
3. 眉	méi	eyebrow
4. 弯	wān	bent; curved
5. 眼	yǎn	eye
6. 明亮	míngliàng	bright; shining
7. 水波	shuǐbō	ripple (used to describe bright eyes)
8. 模样	múyàng	appearance; look
9. 甜	tián	sweet
10. 樱桃	yīngtáo	cherry

专有名词

维吾尔族	Wéiwú'ěrzú	Uyghur nationality

四、歌词中的语法

1. 掀起了你的盖头来

"起来"跟在动词后,作复合趋向补语,在这里表示随着动作从低到高。当动词后面还有宾语时,宾语可以位于"起来"之后,也可以位于"起来"之间。如:

(1) 太阳升起来了。
(2) 他从椅子上拿起来书包,准备去上学。
(3) 她从地上捡起钥匙来。

2. 让我看看你的眉、让我看看你的眼

"看(一)看"是动词"看"的重叠,在这里的主要作用是缓和语气,有轻松、随意的意味。单音节动词重叠的比较多。如:

(1) 我想和你谈谈。
(2) 你能想想办法吗?
(3) 我们周末可以去附近逛一逛街。

3. 细又长、明又亮、红又小、红又圆

"又"在这里表示几种情况或性质并存。如:

(1) 她的头发黑又长。
(2) 他的宿舍又干净又整齐。

五、练习

(一) 有感情地朗读歌词,注意语调

(二) 连词成句

1. 下 雨 外边 起 来 了

___

2. 我 这 书 本 看看 还 你 给 下 星期

___

3. 时候 听听 书 看看 音乐 很 不错 的 休息

___

4. 老师 我们 的 又 年轻 漂亮 又

___

(三) 课堂讨论

1. 这首新疆民歌描写了一位美丽的少女,她长什么样子?歌曲表达了歌者怎样的心情?

2. 这首歌的主要内容是什么?在你们的国家有类似的民歌吗?

第六课

Zǒu Xīkǒu
走西口

Shānxī míngē
山西 民歌

一、学唱

1=F 4/4

中速、热情

5·5	5 5 3	1 2 3	2 1 6	5 4 5 6	5 —
哥哥	呀你走西	口口,哎	哟!		
哥哥	呀你到要西	大大门,哎	哟!		

(歌词)
哥哥 哥哥 呀你 走 西 口,哎 哟!
哥哥 哥哥 呀你 到 西 口,哎 哟!
呀你 送你 大 大 门 路,哎 哟!
走 路 走 住 大 大 船 店 后,哎 哟!
住 店 坐 坐 长 流 水,哎 哟!
坐 船 喝 喝 走 西 口 口,哎 哟!
喝 水 哥 呀 是 朋 友,哎 哟!
哥哥 有 钱 时 他

29

唱民歌学汉语

（曲谱）

二、歌词朗诵

Gēge ya nǐ zǒu xīkǒu, āiyō!
哥哥呀你走西口，哎哟！

Xiǎo mèimei wǒ shízài nán liú,
小妹妹我实在难留，

Shǒu lā zhù nà gēge de shǒu,
手拉住那哥哥的手,

Sòng gē sòngdao dà ménkǒu.
送哥送到大门口。

Gēge ya nǐ zǒu xīkǒu, āiyō!
哥哥呀你走西口,哎哟!

Xiǎo mèimei wǒ sòng nǐ zǒu,
小妹妹我送你走,

Huáibào nǐ nà shū tóu de xiá,
怀抱你那梳头的匣,

Liǎng yǎn lèi shuāng liú.
两眼泪双流。

Sòng gē sòngdao dà ménkǒu, āiyō!
送哥送到大门口,哎哟!

Xiǎo mèimei wǒ bù diū shǒu,
小妹妹我不丢手,

Yǒu liǎng jù zhīxīn de huà,
有两句知心的话,

Shuō yǔ gēge jì xīntóu.
说与哥哥记心头。

Zǒu lù nǐ yào zǒu dà lù, āiyō!
走路你要走大路,哎哟!

Wàn bu yào zǒu xiǎo lù,
万不要走小路,

Dà lù shang rén'ér duō,
大路上人儿多,

唱民歌学汉语

Lā huà jiě yōuchóu.
拉话解忧愁。

Zhù diàn nǐ yào zhù dà diàn, āiyō!
住店你要住大店,哎哟!

Wàn bu yào zhù xiǎo diàn,
万不要住小店,

Dà diàn li rén'ér duō,
大店里人儿多,

Xiǎo diàn li pà zéi tōu.
小店里怕贼偷。

Zuò chuán nǐ yào zuò chuán hòu, āiyō!
坐船你要坐船后,哎哟!

Wàn bu yào zuò chuán tóu,
万不要坐船头,

Chuán tóu shang fēnglàng dà,
船头上风浪大,

Pà diào shuǐ lǐtou.
怕掉水里头。

Hē shuǐ yào hē chángliúshuǐ, āiyō!
喝水要喝长流水,哎哟!

Wàn bu yào hē quányǎnshuǐ,
万不要喝泉眼水,

Pà de shì nàge quányǎnshuǐ shang shé bǎi wěi.
怕的是那个泉眼水上蛇摆尾。

Gēge ya nǐ zǒu xīkǒu, āiyō!
哥哥呀你走西口,哎哟!

Wàn bu yào jiāo péngyou,
万不要交朋友,
Jiāoxià de péngyou duō,
交下的朋友多,
Shēngpà wàngjì wǒ.
生怕忘记我。

Yǒu qián shí tā shì péngyou, āiyō!
有钱时他是朋友,哎哟!
Méi qián shí tā liǎng yǎn chǒu,
没钱时他两眼瞅,
Wéiyǒu nà xiǎo mèimei wǒ,
唯有那小妹妹我,
Tiāncháng yòu rìjiǔ.
天长又日久。

三、歌曲中的词语

1. 西口	xīkǒu	gates of the Great Wall in Shanxi Province
2. 哎哟	āiyō	an interjection, expressing astonishment or pain
3. 实在	shízài	really; indeed; honestly
4. 怀抱	huáibào	to hold or carry in the arms

5. 梳头	shū tóu	to comb one's hair
6. 匣	xiá	a small box (or case)
7. 泪	lèi	tear
8. 丢手	diū shǒu	to release one's hands; let go
9. 知心	zhīxīn	intimate; understanding
10. 与	yǔ	to
11. 心头	xīntóu	mind; heart
12. 万	wàn	must; to be sure to
13. 拉话	lā huà	to make conversation; to chat (*dialect*)
14. 解	jiě	to allay; to assuage
15. 忧愁	yōuchóu	worry
16. 店	diàn	hotel
17. 贼	zéi	thief
18. 偷	tōu	to steal
19. 风浪	fēnglàng	stormy waves
20. 里头	lǐtou	inside
21. 长流水	chángliúshuǐ	constantly flowing water
22. 泉眼	quányǎn	the mouth of a spring
23. 蛇	shé	snake

24. 尾	wěi	tail
25. 生怕	shēngpà	lest; to fear that
26. 忘记	wàngjì	to forget
27. 时	shí	when
28. 瞅	chǒu	to look at; to see (*dialect*)
29. 唯有	wéiyǒu	only
30. 天长日久	tiāncháng-rìjiǔ	after a considerable period of time; everlasting

四、歌词中的语法

1. 小妹妹我**实在**难留

"实在"在这里用来加强肯定的语气,表示"真的,确实"。如:

(1) 让大家久等了,实在对不起。

(2) A:走,一起去酒吧!

　　B:算了,我不去。

　　A:走吧,大家都去,就一起去吧!

　　B:我实在不能去,明天还有考试呢!

2. 有**两句**知心的话

这里的"两",表示不确定的少量,相当于"几"。如:

(1) 这两天我有点儿忙。

(2) 大家都说得很好,我也来说两句吧!

(3) 这孩子安静了没两分钟,又开始哭起来了。

3. 小店里怕贼偷

　　怕掉水里头

　　怕的是那个泉眼水上蛇摆尾

"怕",在这里是"担心"的意思。如:

(1) 我怕会下雨,出门前带了把伞。

(2) 他怕堵车,所以提前了一个小时出发。

(3) 家人怕她孤独,每天都给她打电话。

(一)有感情地朗读歌词,注意语调

(二)用指定词语完成下面的句子

1. A:今天你有空儿吗?我想请你吃饭。

　　B:对不起,＿＿＿＿＿＿＿＿＿＿＿＿＿＿＿。(实在)

2. A:你最近怎么吃得这么少?

　　B:＿＿＿＿＿＿＿＿＿＿＿＿＿＿＿＿＿＿＿。(怕)

3. A:下面我们请王老师发言。

　　B:好,＿＿＿＿＿＿＿＿＿＿＿＿＿＿＿＿＿。(两句)

（三）课堂讨论

这首民歌讲述了一个怎样的故事？

（四）语言实践

和其他同学一起分角色扮演民歌中的人物。

第七课

雨不洒花 花不红
Yǔ Bù Sǎ Huā Huā Bù Hóng

云南 民歌
Yúnnán míngē

一、学唱

$1=\flat D \quad \frac{2}{4}$

中速

| 6·1 | 661 2·1 | 2 - | 20 5·3 | 2̇16 5645 |

哥是　天上　一条　　龙，　　妹是　地下　花一
高高　山上　一树　槐，　　手攀　槐树　望郎

| 6 - | 60 6·1 | 232 216 | 542 5·1 | 656 5·4 |

蓬，　　龙不　翻身　不下　雨，雨不　洒花　花不
来，　　娘问　女儿　望什　么？我望　槐花　几时

| 2 - | 20 22 | 2̇5 1̇26̇1 | 5·2 5·1 | 656 5·4 | (1.

红。　　龙不　翻身　不下　雨，雨不　洒花　花不
开。　　娘问　女儿　望什　么？我望

| 2 - | 2 0 ‖ (2. 656 5·4 | 2̇ - | 2̇ |

红。　　　　　　槐花　几时　　开。

第七课

 二、歌词朗诵

Gē shì tiānshang yì tiáo lóng,
哥是天上一条龙,

Mèi shì dìxia huā yì péng,
妹是地下花一蓬,

Lóng bù fān shēn bú xià yǔ,
龙不翻身不下雨,

Yǔ bù sǎ huā huā bù hóng.
雨不洒花花不红。

Lóng bù fān shēn bú xià yǔ,
龙不翻身不下雨,

Yǔ bù sǎ huā huā bù hóng.
雨不洒花花不红。

Gāogāo shānshang yí shù huái,
高高山上一树槐,

Shǒu pān huáishù wàng láng lái,
手攀槐树望郎来,

Niáng wèn nǚ'ér wàng shénme?
娘问女儿望什么?

Wǒ wàng huáihuā jǐshí kāi.
我望槐花几时开。

Niáng wèn nǚ'ér wàng shénme?
娘问女儿望什么?

Wǒ wàng huáihuā jǐshí kāi.
我望槐花几时开。

三、歌曲中的词语

1.	洒	sǎ	to sprinkle
2.	龙	lóng	dragon
3.	地下	dìxia	on the ground
4.	蓬	péng	a measure word (for twiggy, leafy plants)
5.	翻身	fān shēn	to turn (the body) over
6.	槐(树)	huái (shù)	Chinese scholartree
7.	攀	pān	to climb
8.	郎	láng	(used by a woman in addressing her husband or lover) my darling
9.	娘	niáng	mum
10.	几时	jǐshí	what time; when

专有名词

云南	Yúnnán	Yunnan Province

四、歌词中的语法

1. 一<u>条</u>龙

"条"在这里是量词,多用于细长的东西。如:

一条大街　　两条腿　　三条鱼　　四条裤子

2. 花一<u>蓬</u>

"蓬"在这里是量词,多用于枝叶茂盛的花草。如:

(1) 窗前种着几蓬竹子。

(2) 那蓬草长得绿油油的。

五、歌词中的修辞手法:暗喻、顶真

➤ 哥<u>是</u>天上一条龙、妹<u>是</u>地下花一蓬。

暗喻,就是本体、喻体都出现,但常使用"是、变成、成为、等于"等喻词的比喻方法。如:

(1) 儿童是祖国的花朵。

(2) 荷叶变成了一把把小伞。

➤ 龙不翻身不下<u>雨</u>,<u>雨</u>不洒<u>花</u><u>花</u>不红。

顶真,用上一句结尾的词语作下一句开头,使前后的句子头尾相连

的修辞方式。如：

（1）什么树开什么花，什么花结什么果。

（2）江河流水深又长，长笛伴我唱新歌。

六、练习

（一）有感情地朗读歌词，注意语调

（二）选择恰当的量词填空，每个词只能用一次

条　支　本　件　顶　把　张　蓬

1. 那_____草长得绿油油的。

2. 请把那_____桌子和那_____椅子搬过来。

3. 你看，这_____鱼在水里游来游去。

4. 我想买三_____笔。

5. 你穿这_____衣服，戴那_____红色的帽子，很漂亮。

6. 这_____《双双中文》的内容很有意思。

（三）课堂讨论

1. 歌中有这样一句话："娘问女儿望什么？我望槐花几时开。"你认为"女儿"是在望花开吗？她到底在等待什么？

2. "雨不洒花花不红"是什么意思？它表达了怎样的含义？

第八课

Dábǎnchéng de Gūniang
达坂城 的 姑娘

Wéiwú'ěrzú míngē
维吾尔族 民歌
zhěnglǐ: Wáng Luòbīn
整理：王 洛宾

一、学唱

$1=A \dfrac{2}{4}$

6 6 6 6 1 1 | 2 3 2 1 1 6 | 2 3 1 2 3 1 | 2 6 |
达坂城的 石路 硬 又 平呀，西 瓜大 又 甜 呐。

3·3 3 3 3 2 | 3·5 2 2 1 1 6 | 6 1 2 3 1 7 | 6 — |
达 坂城的 姑娘 辫 子 长呀，两只眼睛 真漂 亮。

6 6 6 5 6 6 | 6 1 6 5 5 3 | 5 5 3 5 6 5 4 | 3 — |
如果你要 嫁人，不要嫁给 别人，一定要 嫁给 我。

3 4 5 6 5 3 | 5 4 3 2 1 1 | 2 2 3 1 2 1 7 | 6 — ‖
带着你的 妹妹，带着你的 嫁妆，坐着那 马 车 来。

 二、歌词朗诵

Dábǎnchéng de shílù yìng yòu píng ya,
达坂城的石路硬又平呀,

Xīguā dà yòu tián na.
西瓜大又甜呐。

Dábǎnchéng de gūniang biànzi cháng ya,
达坂城的姑娘辫子长呀,

Liǎng zhī yǎnjing zhēn piàoliang.
两只眼睛真漂亮。

Rúguǒ nǐ yào jià rén,
如果你要嫁人,

Búyào jià gěi biérén,
不要嫁给别人,

yídìng yào jià gěi wǒ.
一定要嫁给我。

Dàizhe nǐ de mèimei,
带着你的妹妹,

Dàizhe nǐ de jiàzhuang,
带着你的嫁妆,

Zuòzhe nà mǎchē lái.
坐着那马车来。

三、歌曲中的词语

1. 石　　　　　　　shí　　　　　　　stone

2. 硬	yìng	hard
3. 平	píng	flat
4. 西瓜	xīguā	watermelon
5. 辫子	biànzi	plait
6. 嫁	jià	(of a woman) to merry
7. 嫁妆	jiàzhuang	dowry
8. 马车	mǎchē	carriage

专有名词

达坂城	Dábǎn Chéng	Daban city

四、歌词中的语法

1. 两只眼睛真<u>漂亮</u>

"漂亮"是形容词,在这个句子里直接作谓语,形容词前面不用"是"或其他动词,但需要有状语修饰。如:

（1）房子很大。

（2）那家超市的水果不贵。

2. 如果你<u>要</u>嫁人,<u>不要</u>嫁给别人

"要",表示想做某事的意愿、要求,它的否定形式是"不想、不愿"。如:

（1）我要去云南旅行。(→我不想去云南旅行。)

（2）他要买一台笔记本电脑。（→他不想买笔记本电脑。）

后半句中"不要"的意思是"别"，表示禁止或劝阻。如：

（1）不要在图书馆打电话。

（2）这件衣服只能干洗，不要水洗。

3. 嫁给别人、嫁给我

"给"用在动词后面，可以表示引进动作的对象。如：

（1）朋友寄给我一张明信片。

（2）老板派给我的活儿还没做完。

五、歌词中的修辞手法：起兴

➡ 达坂城的石路硬又平呀，西瓜大又甜呐；
　达坂城的姑娘辫子长呀，两只眼睛真漂亮。

起兴，就是先说别的事物，再说要说的事物，一般用在诗歌的开头，借物言情，营造氛围。这首歌词中，作者想要描述姑娘漂亮，但是先描写达坂城。如：

（1）关关雎鸠，在河之洲。窈窕淑女，君子好逑。

（2）一树金橘滚滚圆，如今农家生活甜。

六、练习

(一) 有感情地朗读歌词,注意语调

(二) 选择恰当的介词填空,每个词只能用一次

给　对　从　离　向　为

1. 过生日的时候,朋友送(　　)我一幅画。
2. 明天你就要去留学了,今天晚上,我请你吃饭,(　　)你送行。
3. 宿舍(　　)教室只有两百多米,很近。
4. 今天我有急事,不能去上课,请你帮我(　　)老师请假。
5. 每天多吃水果(　　)身体有好处。
6. 每天(　　)八点开始上课。

(三) 选择恰当的能愿动词填空

要　能　会　愿意

1. 我还不(　　)打羽毛球,你(　　)教教我吗?
2. 下午我(　　)去上课,不(　　)陪你去看电影了。
3. 都十一点多了,他不(　　)来了。

(四)课堂讨论

1. 这首新疆民歌描写的是一个怎样的姑娘?她长什么样子?
2. 说一说你想象中的爱人的样子,例如眼睛、眉毛、皮肤、身材、性格、爱好、职业等。说得越细致、越具体越好。

第九课

Fàng Mǎ Shāngē
放 马 山 歌

Yúnnán míngē
云南 民歌

一、学唱

1=D 2/4

稍快

3· 3 3 3 2 1	3 3 3 2 1 2 3 2	2· 1 6
正月 放马	喔噜噜的 正月	正 哟,
大马 赶在	喔噜噜的 山头里	上 哟,

3 3 3 3 2 1	2 2 1 6	X X	2 2 1 6 ‖
赶起 马 来	登路 程,	哟 哦,	登路 程。
小马 赶 来	随后 跟,	哟 哦,	随后 跟。

‖ 3· 3 3 3 2 1 | 3 3 3 2 1 2 3 2 | 2· 1 6 |
| 二月 放马 | 喔噜噜的 百草 | 发 哟, |
| 马无 野草 | 喔噜噜的 不会 | 胖 哟, |

```
3· 3  3 3 2 1 | 2 2 1 6 | X X | 2 2 1 6 ‖
小 马  吃 草    深山里 跑,  哟 哦,   深山 里 跑。
草 无  露 水
```

```
|4. 2 2 1  6· 1 | 2 2 1  6 | X X ‖
   不 会  发,    不 会   发。 哟 哦。
```

二、歌词朗诵

Zhēngyuè fàng mǎ wō-lū-lū de zhēngyuè zhēng yō,
正月 放 马 喔噜噜的 正月 正 哟,

Gǎn qǐ mǎ lái dēng lùchéng, yō'ò, dēng lùchéng.
赶起马来登 路程,哟哦,登 路程。

Dà mǎ gǎn zài wō-lū-lū de shān tóuli shàng yō,
大马赶在喔噜噜的 山 头里上 哟,

Xiǎo mǎ gǎn lái suíhòu gēn, yō'ò, suíhòu gēn.
小 马赶来随后跟,哟哦,随后跟。

Èryuè fàng mǎ wō-lū-lū de bǎicǎo fā yō,
二月放 马喔噜噜的百草发哟,

Xiǎo mǎ chī cǎo shēnshān li pǎo, yō'ò, shēnshān li pǎo.
小 马吃草 深山 里 跑,哟哦,深山 里跑。

Mǎ wú yěcǎo wō-lū-lū de bú huì pàng yō,
马无野草喔噜噜的不会 胖 哟,

Cǎo wú lùshuǐ bú huì fā, bú huì fā. Yō'ò.
草无露水不会发,不会发。哟哦。

三、歌曲中的词语

1. 山歌	shāngē	folk song (singing in the fields or in mountain areas during or after work)
2. 正月	zhēngyuè	the first month of the lunar year
3. 赶	gǎn	to herd
4. 路程	lùchéng	journey
5. 头里	tóuli	ahead; in front
6. 随后	suíhòu	to follow; to tread behind
7. 百草	bǎicǎo	hundreds of grasses
8. 无	wú	without
9. 野草	yěcǎo	weeds
10. 胖	pàng	plump; fat
11. 露水	lùshuǐ	dew

四、歌词中的语法

马无野草不<u>会</u>胖、草无露水不<u>会</u>发

"会"在这里的意思是"有可能",一般表示将来的可能性,有时也可以表示过去和现在的可能性。如:

(1)明天不会下雨的。
(2)他每天早上都会去操场跑步。
(3)东西不会是他弄丢的。

五、歌词中的修辞手法:反复

➡ 赶起马来<u>登路程</u>,哟哦,<u>登路程</u>。
  小马吃草<u>深山里跑</u>,哟哦,<u>深山里跑</u>。
  草无露水<u>不会发</u>,<u>不会发</u>。

反复,就是为了突出某个意思、强调某种情感,特意重复某个词语或句子的修辞方式。如:

(1)妈妈回来了,回来了!
(2)盼望着,盼望着,东风来了,春天的脚步近了。

六、练习

(一) 有感情地朗读歌词,注意语调

(二) 指出下面的句子使用了什么修辞方式

明喻　　反复　　设问　　顶针　　起兴　　暗喻

1. 学生要努力学习吗?当然要。　　　　　　　　　　(　　　)
2. 喝了酒以后,她的脸变得红通通的,好似一个熟透的红苹果。
　　　　　　　　　　　　　　　　　　　　　　　　(　　　)
3. 什么树开什么花,什么花结什么果。　　　　　　　(　　　)
4. 天上的月亮是弯弯的船,我在弯弯的船里坐。　　　(　　　)
5. 关关雎鸠,在河之洲。窈窕淑女,君子好逑。　　　(　　　)
6. 盼望着,盼望着,东风来了,春天的脚步近了。　　　(　　　)

(三) 语言实践

问问你的中国朋友,正月里中国人一般做什么?有什么风俗习惯?

第十课

Mòlìhuā
茉莉花

Jiāngsū míngē
江苏 民歌

一、学唱

$1=\mathrm{E} \quad \dfrac{2}{4}$

中速

3 2 3 5	6 5 1 6	5 3 5 6	1 2 3	2 1 6 1
好 一朵 茉 莉		花，	好一朵 茉	莉
好 一朵 茉 莉		花，	好一朵 茉	莉
好 一朵 茉 莉		花，	好一朵 茉	莉

5 —	5 3 5 6	1 2 3 1 6 5	5 2 3 5 3 2
花，	满 园	花 草 香 也 香	不 过
花，	满 园	花 开 雪 也 白	不 过
花，	满 园	花 开 比 也 比	不 过

1 6 1	3 2 1 2 3	5 6 1 6 5	5 3 2 3 5 3 2
它，	我 有 心	采 一朵 戴，	看 花 的
它，	我 有 心	采 一朵 戴，	又
它，	我 有 心	采 一朵 戴，	又

怕
怕
怕

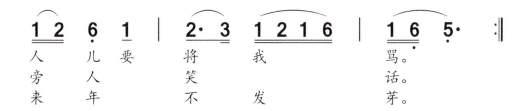

二、歌词朗诵

Hǎo yì duǒ mòlìhuā,
好一朵茉莉花,

Hǎo yì duǒ mòlìhuā,
好一朵茉莉花,

Mǎn yuán huācǎo xiāng yě xiāng bú guò tā,
满园花草香也香不过它,

Wǒ yǒuxīn cǎi yì duǒ dài,
我有心采一朵戴,

Kàn huā de rén'ér yào jiāng wǒ mà.
看花的人儿要将我骂。

Hǎo yì duǒ mòlìhuā,
好一朵茉莉花,

Hǎo yì duǒ mòlìhuā,
好一朵茉莉花,

Mǎn yuán huā kāi xuě yě bái bú guò tā,
满园花开雪也白不过它,

Wǒ yǒuxīn cǎi yì duǒ dài,
我有心采一朵戴,

Yòu pà pángrén xiàohua.
又怕旁人笑话。

Hǎo yì duǒ mòlìhuā,
好一朵茉莉花,

Hǎo yì duǒ mòlìhuā,
好一朵茉莉花,

Mǎn yuán huā kāi bǐ yě bǐ bú guò tā,
满园花开比也比不过它,

Wǒ yǒuxīn cǎi yì duǒ dài,
我有心采一朵戴,

Yòu pà láinián bù fā yá.
又怕来年不发芽。

三、歌曲中的词语

1.	茉莉	mòlì	jasmine
2.	朵	duǒ	a measure word for flowers
3.	园	yuán	garden
4.	过	guò	to exceed; to go beyond
5.	有心	yǒuxīn	to have the inclination
6.	采	cǎi	to pick; to pluck
7.	将	jiāng	used to shift the position of the object before the verb

8. 骂	mà	to blame; to scold
9. 旁人	pángrén	other people
10. 笑话	xiàohua	to laugh at; to ridicule
11. 来年	láinián	the coming year
12. 发芽	fā yá	to germinate

专有名词

江苏	Jiāngsū	Jiangsu Province

四、歌词中的语法

1. 香也香不过它、雪也白不过它、比也比不过它

这里的"过"用在动词或者形容词后面,表示超过或胜过,否定式是"……不过"。如:

(1) 我说不过你,不想和你说了。

(2) 今年的考试成绩要好过去年。

2. 我有心采一朵戴,又怕旁人笑话。

　我有心采一朵戴,又怕来年不发芽。

"又"表示另一方面的情况,前后形成并列复句。如:

(1) 我们很难见面,好不容易我有时间了,他又开始忙起来。

(2) 我想给他打电话,又担心他很忙,没时间和我聊。

(3) 你爱她,又不跟她说,她怎么会知道呢?

五、练习

(一) 有感情地朗读歌词，注意语调

(二) 连线

一朵　　　　　　　笑话

满园　　　　　　　一束花

旁人　　　　　　　茉莉花

采　　　　　　　　花香

(三) 用指定词语或短语完成下面的句子

1. A：快点儿走啊。

    B：你走这么远也不累，_____。(比不过)

2. A：你们为什么喜欢何老师？

    B：因为她讲课很生动，_____。(又)

3. (夫妻俩在吵架)

    A：你说啊，我怎么对你不好了？

    B：好好好，_____，(说不过)我不说了总行了吧。

    A：不行，你给我说清楚。

(四) 课堂讨论

介绍一下你最喜欢的一种花。

(五) 语言实践

上网查一查茉莉花是什么样的，或者亲自去看看茉莉花。

第十一课

Xiù Hébāo
绣荷包

Yúnnán míngē
云南 民歌

一、学唱

Xiǎoxiǎo hébāo shuāng sī shuāng dài piāo,
小小荷包双丝双带飘,

Mèi xiù hébāo ma guà zài láng yāo,
妹绣荷包嘛挂在郎腰,

Mèi xiù hébāo ma guà zài láng yāo.
妹绣荷包嘛挂在郎腰。

Xiǎo shì xiǎo qínggē děng shì děngdengzhe,
小是小情哥等是等等着,

Bù děng qíngmèi ma yào děng nǎ yí gè,
不等情妹嘛要等哪一个,

Bù děng qíngmèi ma yào děng nǎ yí gè?
不等情妹嘛要等哪一个?

Hébāo xiù gěi xiǎo gē dài,
荷包绣给小哥带,

Mèi xiù hébāo ma yǒu láiyóu,
妹绣荷包嘛有来由,

Mèi xiù hébāo ma yǒu láiyóu.
妹绣荷包嘛有来由。

Gē dài hébāo jiē shì jiē qián zǒu,
哥带荷包街是街前走,

Mèi yǒu xīn lái ma yào děng gē yì qiú,
妹有心来嘛要等哥一求,

Mèi yǒu xīn lái ma yào gē qiú.
妹有心来嘛要哥求。

三、歌曲中的词语

1. 绣	xiù		to embroider
2. 荷包	hébāo		pouch
3. 丝带	sīdài		silk ribbon
4. 腰	yāo		waist
5. 情哥	qínggē		(girl's) lover
6. 情妹	qíngmèi		(boy's) lover
7. 来由	láiyóu		reason; cause
8. 求	qiú		to entreat

四、歌词中的语法

1. 挂在郎腰

"在"在这里作介词,引出动作行为发生的时间、处所、范围、条件等。如:

(1) 这场车祸发生在今天中午。

(2) 请不要在墙上乱写乱画。

(3) 环保问题在世界各国受到重视。

(4) 在老师的帮助下,我的成绩有了很大提高。

2. 妹绣荷包嘛挂在郎腰

这是一个兼语句。兼语句是前一个动宾结构的宾语兼作后一个主谓结构的主语的句子。如：

(1) 我们请老师唱一首歌。

(2) 同学们选他当班长。

(3) 他有个中国朋友叫田力。

五、歌词中的修辞手法：反问

➡ 不等情妹嘛要等哪一个？

反问就是用疑问句的形式，表达肯定或否定的语气。形式与内容相反，否定句用反问语气说出来，表示肯定；肯定句用反问语气说出来，表示否定。如：

(1) 你不觉得她很可爱吗？（她很可爱）

(2) 学生不写作业还行？（不行）

(3) 这么大的雨，怎么能出去呢？（不能出去）

六、练习

(一) 有感情地朗读歌词，注意语调

(二)选择恰当的词语填空,每个词只能用一次

好　完　到　在　错　给

1. 请把作业本放(　　)桌子上。
2. 昨天去超市买东西的时候,我看(　　)了王老师。
3. A:请问,这是张扬家吗?

   B:对不起,你打(　　)了。
4. 妈妈,一切都安排(　　)了,你别担心。
5. 我借(　　)你的那本书,你看(　　)了没有?

(三)用兼语句的形式完成句子

例:妈妈让我去买一些水果。

1. 公司派_____。
2. 我请_____。
3. _____坐在草地上。
4. 老师同意_____。

(四)课堂讨论

1. 在你们国家,男女朋友之间如果想互送礼物,一般会送什么?
2. 你认为过生日或者重要的节日时,男朋友一定要送女朋友礼物吗?你喜欢什么样的礼物?

第十二课

Gǎn Shēnglíng
赶 牲 灵

Shǎnběi mínge
陕北 民歌

$1=C \dfrac{2}{4}$

1. 走头　头的那个骡子哟，　　三盏　盏的那个灯，啊呀带上了那个铃子哟噢，哇哇得的那个声。
2. 白脖　子的那个哈叭哟，　　朝南　得的那个咬，哎呀赶牲灵的那个人儿哟噢，过呀来　了。
3. 你若　是我的哥哥哟，你招一　招的那个手，哎哟你不是我那哥哥哟噢，走你的那个路，哎哟

 二、歌词朗诵

Zǒu tóutou de nàge luózi yo,
走头头的那个骡子哟,

Sān zhǎnzhǎn de nàge dēng,
三 盏盏 的那个灯,

Āya dàishangle nàge língzi yo ō,
啊呀带上了那个铃子哟噢,

Wāwā de de nàge shēng.
哇哇得的那个声。

Bái bózi de nàge hāba yo,
白脖子的那个哈叭哟,

Cháo nán de de nàge yǎo,
朝 南得的那个咬,

Āiyā gǎn shēnglíng de nàge rén'ér yo ō,
哎呀赶 牲灵 的那个人儿哟噢,

Guò ya lái le.
过呀来了。

Nǐ ruò shì wǒ de gēge yo,
你若是我的哥哥哟,

Nǐ zhāo yi zhāo de nàge shǒu,
你招一招的那个手,

Āiyo nǐ bú shì wǒ nà gēge yo ō,
哎哟你不是我那哥哥哟噢,

Zǒu nǐ de nàge lù.
走你的那个路。

三、歌曲中的词语

1. 牲灵	shēnglíng	draught animals; beasts of burden (*dialect*)
2. 骡子	luózi	mule
3. 盏	zhǎn	a measure word for lamps
4. 铃子	língzi	small bell
5. 脖子	bózi	neck
6. 哈叭	hāba	dog (*dialect*)
7. 咬	yǎo	to bark
8. 若	ruò	if
9. 招	zhāo	to beckon

专有名词

陕北	Shǎnběi	north of Shaanxi Province

四、歌词中的语法

1. <u>朝南</u>得的那个咬

"朝"介词,表示动作的方向。如:

(1)他朝我点点头,笑了。

(2)火车朝北开去。

(3)朝窗外看去,外面就是蓝色的大海。

2. 你<u>若</u>是我的哥哥哟,你招一招的那个手

"若"表示假设,相当于"如果",一般用于书面,后面常有"就、那么"等词相呼应。下文中"你不是我那哥哥哟噢,走你的那个路"一句也是假设句,承接上句的语义,省略了"如果/若……就……"等关联词。如:

(1)你若不同意就算了。

(2)若身体不好,可以不参加运动会。

(3)若不是时间太短,我还会学得更好。

五、歌词中的艺术手法:衬字

➡ 走头头儿的<u>那个</u>骡子哟,三盏盏儿的<u>那个</u>灯,啊呀带上了<u>那个</u>铃子哟噢,哇哇得的<u>那个</u>声。

"衬字"是为了歌唱的需要而额外增加的字。衬字本身没有实际意义,但是可以灵活地填补诗歌的音节,也可以帮助抒发感情。如:

(1) 北风那个吹,雪花那个飘。

(2) 跑马溜溜的山上,一朵溜溜的云。

六、练习

(一) 选择恰当的介词填空

朝　　　向　　　往

1. 王红学习很努力,我们应该(　　　)她学习。
2. 那个人背(　　　)着我,看不清他的脸。
3. 凡事都要(　　　)好的方面去想。
4. 中国人一般喜欢坐北(　　　)南的房子。

(二) 用所给的词语完成句子

1. _____,那就算了。(若)
2. 明天要是不下雨,_____。(就)
3. _____,我就可以去国外留学了。(只要)
4. 他不是我的哥哥,_____。(而是)
5. 若想人不知,_____。(除非)

(三)课堂讨论

"你若是我的哥哥哟,你招一招的那个手,哎哟你不是我那哥哥哟噢,走你的那个路"中的"哥哥"在这儿是称呼什么人?这句歌词表达了什么意思?

第十三课

Lóngchuándiào
龙船调

Húběi míngē
湖北 民歌

一、学唱

1=C 2/4

(3 1 1 1 3 | 1 2 1 2 | 3 5 3 2 1 2 1 6 | 6 6) |

3 1 1 1 3 | 1 2 1 2 | 3 5 3 2 1 2 1 6 | 6 - |

女)正月里是新　年呐，　咿　哟　　喂。
女)二月里是春　分呐，　咿　哟　　喂。

2·6 6 1 | 6 1 6 | 5 - | 1 1 3 1 6 | 3 3 3 1 6 |

妹娃去拜　年呐呵　喂。　金呐叶儿锁。男)银呐叶儿 锁。
妹娃去探　亲呐呵　喂。　金呐叶儿锁。男)银呐叶儿 锁。

1 2 3 2 1 1 | 1 6 2 1 | 6 5 6 | 1 6 2 1 | 6 |

女)洋　雀　叫哇　搔着鹦　哥。　男)啊，搔着鹦 哥。
女)洋　雀　叫哇　搔着鹦　哥。　男)啊，搔着鹦 哥。

第十三课

女白　　　　　　　　　　　　　　男白
X X X　X X X ｜ X X X　X X X X ｜ X X　X X X X ｜
哎,妹娃 要过河，　是哪个　来推我嘛？　我　　来推你嘛。
哎,妹娃 要过河，　是哪个　来推我嘛？　还是　我推你嘛。

3 3 3　3 2 1 2 ｜ 2　2 1 6 ｜ 6 2 1 1　1 6 2 1 ｜ 5 6 ｜ 2 1 6 ｜
女)艄公你把 舵　　搬呐。　男)阿妹你请上 船。齐)啊　　喂喧唑

5 6 ｜ 2 1 6 ｜ 1 6 6　1 2 1 ｜ 6 1 6 ｜ 5 - ‖
啊　　喂喧唑。　将阿妹推过　　河哟 呵　喂。

二、歌词朗诵

Nǚ:　Zhēngyuè li shì xīnnián na, yī yo wèi.
女：正月 里是新年呐,咿哟喂。

　　Mèiwá qù bài nián na hē wèi,
　　妹娃去拜年呐呵喂。

　　Jīn na yè'ér suǒ.
　　金呐叶儿锁。

Nán:　Yín na yè'ér suǒ.
男：银 呐叶儿锁。

Nǚ:　Yángquè jiào wa sāozhe yīnggē.
女：洋雀 叫哇搔着鹦哥。

Nán:　Ā, sāozhe yīnggē.
男：啊,搔着鹦哥。

Nǚ bái:　Āi, mèiwá yào guò hé, shì nǎge lái tuī wǒ ma?
女白：哎,妹娃要 过河,是哪个来推我嘛？

Nán bái: Wǒ lái tuī nǐ ma.
男白：我来推你嘛。

Nǚ: Shāogōng nǐ bǎ duò bān na.
女：艄公 你把舵 搬呐。

Nán: Āmèi nǐ qǐng shàng chuán.
男：阿妹你请 上 船。

Qí: Ā wèi yē zuò ā wèi yē zuò.
齐：啊喂噎唑啊喂噎唑。

Jiāng āmèi tuīguò hé yo hē wèi.
将 阿妹推过 河哟呵喂。

Nǚ: Èryuè li shì chūnfēn na, yī yo wèi.
女：二月里是春分呐，咿哟喂。

Mèiwá qù tàn qīn na hē wèi.
妹娃去探 亲呐呵喂。

Jīn na yè'ér suǒ.
金呐叶儿锁。

Nán: Yín na yè'ér suǒ.
男：银呐叶儿锁。

Nǚ: Yángquè jiào wa sāozhe yīnggē.
女：洋雀 叫哇搔着鹦哥。

Nán: Ā, sāozhe yīnggē.
男：啊，搔着鹦哥。

Nǚ bái: Āi, mèiwá yào guò hé, shì nǎge lái tuī wǒ ma?
女 白：哎，妹娃要 过河，是 哪个来推我嘛？

Nán bái: Háishì wǒ lái tuī nǐ ma.
男 白：还是我来推你嘛。

Nǚ: Shāogōng nǐ bǎ duò bān na.
女：艄公 你把舵 搬呐。

<small>Nán:</small> <small>Āmèi nǐ qǐng shàng chuán.</small>
男：阿妹你请 上　船。

<small>Qí:</small> <small>Ā wèi yē zuò ā wèi yē zuò.</small>
齐：啊喂噎唑啊喂噎唑。

<small>Jiāng āmèi tuīguò hé yo hē wèi.</small>
　　将　阿妹推过河哟呵喂。

三、歌曲中的词语

1. 龙船调	lóngchuándiào	the dragon boat tune
2. 妹娃	mèiwá	young girl (*dialect*)
3. 拜年	bài nián	to pay a New Year call
4. 哪个	nǎge	who
5. 艄公	shāogōng	boatman
6. 舵	duò	helm
7. 阿妹	āmèi	younger sister
8. 齐	qí	together; simultaneously
9. 春分	chūnfēn	the Spring Equinox
10. 探亲	tàn qīn	to visit one's relatives

四、歌词中的语法

1. 妹娃去拜年、哪个来推我、妹娃去探亲、我来推你

这些句子是连动句。几个动词或动词性词组连用作谓语,中间没有语音停顿或关联词语,并且共用一个主语的句子叫连动句。连动句中的谓语动词可以是其中任何一个动词带宾语,也可以都带宾语。如:

(1) 我们去踢球。
(2) 我去商店买东西。
(3) 他们坐火车去上海。

2. 将阿妹推过河

"将"在这里的意思是"把",在句中作介词,常用于书面语。如:

(1) 将文章写完
(2) 将信寄走了
(3) 将房间整理好了

3. 将阿妹推过河

"动词+过"在这里表示从一个地点移到另一个地点。如:

(1) 他跨过小沟。
(2) 她们走过人行道,到了街对面。

五、练习

(一) 有感情地朗读歌词,注意语调

(二) 选择正确的词语填空

过　　将　　来　　去

1. 今年九月份,我就要(　　)中国学习汉语了。
2. 你(　　)我这儿写作业,你妈妈知道吗?
3. 这部电影(　　)观众深深地打动了。
4. 这条小水沟很窄,你跳(　　)去就行了。

(三) 课堂讨论

　　在你们国家,有这种男女对唱的歌曲吗?它一般表达了怎样的感情?

(四) 语言实践

　　中国著名的歌唱家宋祖英曾经在维也纳金色大厅演唱过这首民歌,请上网查找一下这段视频。

第十四课

Pǎo Mǎ Liūliū de Shān Shang
跑马溜溜的山上

Sìchuān míngē
四川　民歌

$1=F\ \dfrac{2}{4}$

稍慢、饱满地

| 3 5 | 6 6 5 | 6· 3 | 2 | 3 5 | 6 6 5 | 6 | 3· |

1. 跑马　溜溜的　山　　上　一朵　溜溜的　云　哟，
2. 李家　溜溜的　大　　姐　人才　溜溜的　好　哟，
3. 一来　溜溜的　看　　上　人才　溜溜的　好　哟，
4. 世间　溜溜的　女　　子　任我　溜溜的　爱　哟，

| 3 5 | 6 6 5 | 6 3 | 2 | 5 3 | 2 3 2 1 | 2 | 6· |

端端　溜溜的　照　　在　康定　溜　溜的　城　哟，
张家　溜溜的　大　　哥　看上　溜　溜的　她　哟，
二来　溜溜的　看　　上　会当　溜　溜的　家　哟，
世间　溜溜的　男　　子　任你　溜　溜的　求　哟，

第十四课

```
6  2·  | 5  3·  | 2 1  6·  | 5 3  2 3 2 1 | 2  6·  ‖
月  亮    弯       弯          康定  溜  溜的   城    哟!
月  亮    弯       弯          看上  溜  溜的   她    哟!
月  亮    弯       弯          会当  溜  溜的   家    哟!
月  亮    弯       弯          任你  溜  溜的   求    哟!
```

二、歌词朗诵

Pǎo mǎ liūliū de shān shang yì duǒ liūliū de yún yo,
跑马溜溜的山 上 一朵溜溜的云哟,

Duānduān liūliū de zhào zài Kāngdìng liūliū de chéng yo,
端端 溜溜的照在康定溜溜的 城 哟,

Yuèliang wānwān Kāngdìng liūliū de chéng yo!
月亮 弯弯 康定 溜溜的 城 哟!

Lǐ jiā liūliū de dàjiě réncái liūliū de hǎo yo,
李家溜溜的大姐人才溜溜的好哟,

Zhāng jiā liūliū de dàgē kànshang liūliū de tā yo,
张 家溜溜的大哥 看上 溜溜的她哟,

Yuèliang wānwān kànshang liūliū de tā yo!
月亮 弯弯 看上 溜溜的她哟!

Yīlái liūliū de kànshang réncái liūliū de hǎo yo,
一来溜溜的 看上 人才溜溜的好哟,

Èrlái liūliū de kànshang huì dāng liūliū de jiā yo,
二来溜溜的 看上 会当 溜溜的家哟,

Yuèliang wānwān huì dāng liūliū de jiā yo!
月亮弯弯会当溜溜的家哟!

Shìjiān liūliū de nǚzǐ rèn wǒ liūliū de ài yo,
世间溜溜的女子任我溜溜的爱哟,

Shìjiān liūliū de nánzǐ rèn nǐ liūliū de qiú yo,
世间溜溜的男子任你溜溜的求哟,

Yuèliang wānwān rèn nǐ liūliū de qiú yo!
月亮弯弯任你溜溜的求哟!

三、歌曲中的词语

1. 端端　　　　　duānduān　　　　　upright

2. 照　　　　　　zhào　　　　　　　to shine; to illuminate

3. 大姐　　　　　dàjiě　　　　　　　elder sister (a polite form of address for a woman about one's own age)

4. 人才　　　　　réncái　　　　　　talent

5. 大哥　　　　　dàgē　　　　　　　elder brother (a polite form of address for a man about one's own age)

6. 看上　　　　　kànshang　　　　　to take a fancy to

7. 一来	yī lái	firstly
8. 二来	èr lái	secondly
9. 当家	dāng jiā	to manage (household) affairs
10. 世间	shìjiān	in this world
11. 女子	nǚzǐ	woman
12. 任	rèn	to allow
13. 男子	nánzǐ	man

专有名词

1. 四川	Sìchuān	Sichuan Province
2. 康定	Kāngdìng	Kangding County

四、歌词中的语法

1. <u>看上</u>溜溜的她哟

"动词+上"可以表示动作有结果或达到目的等。如：

（1）快关上窗户。

（2）外边冷，把外套穿上！

"动词+上"有时也表示开始并继续。如：

（1）他爱上了一个中国女孩儿。

（2）从第一天起，我就喜欢上了汉语。

79

2. <u>一来</u>溜溜的看上,人才溜溜的好哟,

　　<u>二来</u>溜溜的看上,会当溜溜的家哟。

"一来……二来……",常常用来列举原因或目的。如:

(1) 这次去上海,一来是去开会,二来也想去看看老朋友。

(2) 昨天我们没去看电影,一来天气不好,二来我对那种电影不感兴趣。

五、练习

(一) 有感情地朗读歌词,注意语调

(二) 选择恰当的词语填空

　　开　　　　上　　　　在　　　　到

1. 请打(　　)书,看第5页。

2. 孩子在睡觉,把电视关(　　)吧。

3. 老师把学生的作业贴(　　)墙上了。

4. 请帮我把行李拿(　　)房间里。

5. 从看到她的第一眼起,我就喜欢(　　)她了。

(三) 用"一来……二来……"完成下面的句子

1. 我想去北京旅游,_____。

2. 我昨天没去吃饭,_____。

3. A：你为什么辞职了？

   B：_____。

(四) 课堂讨论

1. 这首《康定情歌》表达了怎样的感情？
2. 如果你喜欢一个人，你觉得是用直接的方式表白好，还是用含蓄的方式表白好？为什么？

第十五课

Xiǎo Hé Tǎng Shuǐ
小河淌水

Yúnnán míngē
云南 民歌

$1=$ ♭E $\frac{4}{4}$

稍慢

| 6 - - - | 6 1 2 3 3 2 1 6 | 3 2· 2 1 6 - |

1. 哎！　　月亮 出来 亮汪 汪，　亮汪　汪！
2. 哎！　　月亮 出来 照半 坡，　照半　坡！

| 3/4 6 1 6 5 3 2 | 4/4 5 6· 6 5 3 2 | 6 - - - |

想起 我的 阿　　哥　 在　 深　　山。
望见 月亮 想　　起　 我　 的　　哥。

| 6 2 2 6 3 2 1 6 | 3 2 2 1 6 - | 2 - - 6 |

哥像 月亮 天上 走，　天上 走！　哥　　啊！
一阵 清风 吹上 坡，　吹上 坡！　哥　　啊！

82

第十五课

$\underline{3}$ $\underline{2}$ $\underline{1\,6}$ $\underline{3}$ $\underline{2}$ $\underline{1\,6}$ | $\frac{3}{4}$ $\underline{6\,1}$ $\underline{6\,5}$ $\underline{3\,2}$ | $\frac{4}{4}$ 5 $\dot{6}\cdot$ $\underline{6\,5}$ $\underline{3\,2}$ |

哥啊！　　哥啊！　　山下 小 河 淌　　水　清　悠
哥啊！　　哥啊！　　你可 听 见 阿　　妹　叫　阿

$\dot{6}$ $-$ $-$ $-$:‖ 0 3 $\underline{3\,2}$ 2 | $\dot{6}$ $-$ $-$ $-$ ‖

悠。　　　　　　哎，　阿　哥！
哥？

二、歌词朗诵

Āi!
哎!

Yuèliang chūlái liàngwāngwāng, liàngwāngwāng!
月亮 出来 亮汪汪, 亮汪汪!

Xiǎngqi wǒ de āgē zài shēnshān.
想起 我的 阿哥在 深山。

Gē xiàng yuèliang tiānshang zǒu, tiānshang zǒu!
哥像 月亮 天上 走,天上 走!

Gē a! Gē a! Gē a!
哥啊! 哥啊! 哥啊!

Shān xià xiǎo hé tǎng shuǐ qīngyōuyōu.
山下 小河 淌 水 清悠悠。

Āi!
哎!

Yuèliang chūlái zhào bànpō, zhào bànpō!
月亮 出来 照半坡,照半坡!

Wàngjiàn yuèliang xiǎngqǐ wǒ de gē.
望见 月亮 想起我的哥。

Yí zhèn qīngfēng chuīshang pō, chuīshang pō!
一阵 清风 吹上 坡,吹上 坡!

Gē a! Gē a! Gē a!
哥啊！哥啊！哥啊！

Nǐ kě tīng jiàn āmèi jiào āgē?
你可听见阿妹叫阿哥？

Āi! āgē!
哎,阿哥!

三、歌曲中的词语

1.	淌	tǎng	to drip
2.	亮汪汪	liàngwāngwāng	bright; shining
3.	阿哥	āgē	elder brother (*dialect*)
4.	清	qīng	clear
5.	悠悠	yōuyōu	leisurely
6.	坡	pō	slope
7.	望见	wàng jiàn	to watch; to see
8.	阵	zhèn	a measure word for short period
9.	清风	qīngfēng	cool breeze

10. 可　　　　　kě　　　used to form an interrogative sentence

四、歌词中的语法

1. 想<u>起</u>我的阿哥在深山

"动词+起"可表示动作涉及的人或事。如：

(1) 他多次问起你。

(2) 一说起这件事,他就很伤心。

2. 望<u>见</u>月亮、听<u>见</u>阿妹叫阿哥

"见"作补语,放在动词后,表示动作的结果。如：

(1) 他看见前面有一家饭店。

(2) 我听见有人叫我。

3. 亮汪汪、清悠悠

一些单音节形容词加上带重叠的后缀构成复杂的形容词。如：

黑乎乎　　绿油油　　白茫茫　　亮闪闪

五、练习

(一) 有感情地朗读歌词,注意语调

（二）选择恰当的词语填空

> 上　　　起　　　见　　　到

1. 上个星期，我看（　　）王老师，他还问（　　）你呢。
2. 你看（　　）那轮圆圆的明月了吗？
3. 这封信寄（　　）哪儿？
4. A：听，多好听的钢琴曲呀！
   B：我怎么没听（　　）。
5. 我一来到武汉，就爱（　　）了这个城市。

（三）连线

亮旺旺的　　　　　　小河
清悠悠的　　　　　　月亮
绿油油的　　　　　　星星
亮闪闪的　　　　　　青菜
金灿灿的　　　　　　奖杯

（四）课堂讨论

　　这首歌描写了一个怎样的画面？讲述了一个怎样的故事？表达了一种怎样的感情？

（五）语言实践

　　中国有许多和月亮有关的古诗，请找出一首，向大家介绍一下诗的含义。

第十六课

采 槟榔
Cǎi Bīngláng

湖南 民歌
Húnán míngē

一、学唱

$1=F$ $\frac{2}{4}$

中速

| 6 $\overset{76}{\frown}$ 53 | 5·6 | 1·2 35 | $\overset{35}{\frown}$ 3 — | 1·2 36 | 53 56 |

高 高的 树上 结 槟 榔， 谁先 爬上

| 1·2 $\overset{3}{\frown}$ 53 | 2 $\overset{32}{\frown}$ 1 | (3 5 | 35 3 | 6·1 35 | 61 6) |

谁 先 尝，

| 53 56 | 1·2 35 | 36 123 | 2 $\overset{32}{\frown}$ 1 | (53 56 |

谁先 爬上 我替 谁先 装。

| 1·2 35 | 3·6 123 | $\overset{23}{\frown}$ 2 1) | 66 3 | 35 6 | $\overset{6}{\frown}$ 2·3 |

少年 郎， 采槟

| $\overset{61}{\frown}$ 6 — | 123 | $\overset{67}{\frown}$ 6 35 | 1 $\overset{2}{\frown}$ 36 | 5 — | (13 36 | 5·4) |

榔， 小妹妹 提篮 抬 头 望，

唱民歌学汉语

3·5 2̲3̲ | 5̲·6̲ | 1̲2̲1̲ 6̲ | 1̲2̲1̲ 6̲ | 5̲3̲5̲ 2̲3̲ |
低头又想呀，他又美，他又壮，谁人比他

5 - | 2̲2̲2̲ | 3̲5̲· | 3̲5̲ 7̲ | 6̲ 5̲3̲ | 3·5̲ 3̲6̲ |
强？ 赶忙来 叫声 我的 郎呀。 青山

5̲5̲3̲ | 6̲·1̲ 2̲3̲ | 1̲·2̲ | 3̲ 5̲6̲ | 1̲·6̲ | 5̲3̲ 5̲6̲ |
高呀， 流水 长， 那 太阳已 残，那 归鸟儿在

1̲·2̲ | 3̲5̲ | 5̲3̲ | 6̲1̲ 2̲3̲ | 1̲·2̲ | 3̲ 5̲6̲ | 1̲·6̲ | 5̲3̲ 5̲6̲ |
唱，叫我俩 赶快 回家 乡。 那 太阳已 残，那 归鸟儿在

1̲·2̲ | 3̲5̲ | 5̲3̲ | 6̲1̲ 2̲3̲ | 1 - | 1 - | 1 - | 1 - |
唱，叫 我俩 赶快 回家 乡。

二、歌词朗诵

Gāogāo de shù shang jiē bīngláng,
高高的树上结槟榔，

Shuí xiān páshang shuí xiān cháng,
谁先爬上谁先尝，

Shuí xiān páshang wǒ tì shuí xiān zhuāng.
谁先爬上我替谁先装。

Shàoniánláng, cǎi bīngláng,
少年郎，采槟榔，

Xiǎo mèimei tí lán táitóu wàng,
小妹妹提篮抬头望，

Dī tóu yòu xiǎng ya,
低头又想呀,

Tā yòu měi, tā yòu zhuàng,
他又美,他又壮,

Shuí rén bǐ tā qiáng,
谁人比他强?

Gǎnmáng lái jiào shēng wǒ de láng ya.
赶忙来叫声我的郎呀。

Qīngshān gāo ya, liúshuǐ cháng,
青山高呀,流水长,

Nà tàiyáng yǐ cán,
那太阳已残,

Nà guīniǎo'ér zài chàng,
那归鸟儿在唱,

Jiào wǒ liǎ gǎnkuài huí jiāxiāng.
叫我俩赶快回家乡。

Nà tàiyáng yǐ cán,
那太阳已残,

Nà guīniǎo'ér zài chàng,
那归鸟儿在唱,

Jiào wǒ liǎ gǎnkuài huí jiāxiāng.
叫我俩赶快回家乡。

三、歌曲中的词语

1. 槟榔　　　　bīnglángoto areca; betel palm
2. 结　　　　　jiē　　　　　to bear (fruit)

3. 谁	shuí	who
4. 尝	cháng	to taste
5. 替	tì	for
6. 少年	shàonián	juvenile; youngster
7. 篮	lán	basket
8. 美	měi	beautiful; pretty
9. 壮	zhuàng	strong; sturdy; robust
10. 强	qiáng	better
11. 赶忙	gǎnmáng	hurriedly; hastily
12. 青	qīng	green
13. 已	yǐ	already
14. 归	guī	to go back; to return
15. 鸟	niǎo	bird
16. 赶快	gǎnkuài	quickly

四、歌词中的语法

1. 谁先爬上谁先尝,谁先爬上我替谁先装

疑问代词"谁"可以用来指任何一个人。如:

(1)这件事除了他,谁都知道。

(2)那个地方,谁也不想去。

也可以和这首歌中一样,用两个"谁"前后呼应,指同一个人。如:

(1)谁知道谁回答。

(2)谁有困难我就帮助谁。

2.赶忙来叫声我的郎

这里的"声"是一个动量词,用于声音发出的次数。如:

(1)他大喊了两声:"有人吗?"

(2)教室里很安静,有人咳嗽了几声。

五、歌词中的修辞手法:对偶

➡ 青山高,流水长。

对偶是用两个字数相等、结构相似的语句,表现相关或相反的意思。如:

(1)福如东海,寿比南山。

(2)才饮长江水,又食武昌鱼。

(3)三杯竹叶穿心过,两朵桃花上脸来。

六、练习

(一)有感情地朗读歌词,注意语调

(二) 用疑问代词"谁"改写下面的句子，但不能改变句子的原意

1. 刚来中国的时候，我不认识任何人。
   _____

2. 那家饭馆儿的菜又贵又难吃，我们都不愿意去。
   _____

3. 老师说："小朋友，如果你们听话，我就发给你们苹果。"
   _____

4. 知道答案的，请举手。
   _____

(三) 选择恰当的词语填空，每个词只能用一次

声　　趟　　回　　遍　　下

1. 我大叫了三（　　），可是谁都没答应。
2. 那家餐厅，我去过两（　　）。
3. 我以为王大山在家，结果白跑了一（　　）。
4. 老师，对不起，我没听懂，请你再说一（　　）。
5. 司机，等一（　　）。

(四) 语言实践

这首歌讲述了一个怎样的故事？

第十七课

Wǒ de Huā'ér
我的花儿

Hāsàkèzú míngē
哈萨克族 民歌

1=E 2/4

中速稍快

                                                  mp

| 1̇ 1̇ 7 5 | 6·6 5 4 3 5 | 2 - | 2̇ - | 2̇ - |

1. 你的 名　字 多 亲　切，　哎！
2. 你好 比　是那 海　洋，　哎！
3. 你的 名　字 多香 甜，　哎！
4. 虽然 我　们 刚相 见，　哎！

mp

| 1̇ 1̇ 2̇ 7 5 | 6 5 3 2 | 1 2 3 2 3 5 | 2 - |

心爱的 姑　娘，一见你 心花 开　　放。
我是那 海　鸥，永远在 海面 飞　　翔。
苗条的 姑　娘，我献给 你 酥　　油。
多情的 眼　睛，我一见 你就 倾　　心。

mp   *p*

| 2 5 5　5 5 | 1̇ 1̇ 7 6 7 2̇ | 6·5 | 3 4 3 2 |

美丽的 姑娘， 我的 花　　儿！ 我要

唱民歌学汉语

二、歌词朗诵

Nǐ de míngzi duō qīnqiè, āi!
你的名字多亲切,哎!

Xīn'ài de gūniang, yí jiàn nǐ xīnhuā kāifàng.
心爱的姑娘,一见你心花开放。

Měilì de gūniang, wǒ de huā'ér!
美丽的姑娘,我的花儿!

Wǒ yào huānxiào, huānxiào. Āi yā yā!
我要欢笑,欢笑。哎呀呀!

Nǐ hǎobǐ shì nà hǎiyáng, āi!
你好比是那海洋,哎!

Wǒ shì nà hǎi'ōu, yǒngyuǎn zài hǎimiàn fēixiáng.
我是那海鸥,永远在海面飞翔。

Měilì de gūniang, wǒ de huā'ér!
美丽的姑娘,我的花儿!

Wǒ yào huānxiào, huānxiào. Āi yā yā!
我要欢笑,欢笑。哎呀呀!

Nǐ de míngzi duō xiāngtián, āi!
你的名字多香甜,哎!

Miáotiao de gūniang, wǒ xiàn gěi nǐ sūyóu.
苗条的姑娘,我献给你酥油。

Měilì de gūniang, wǒ de huā'ér!
美丽的姑娘,我的花儿!

Wǒ yào huānxiào, huānxiào. Āi yā yā!
我要欢笑,欢笑。哎呀呀!

Suīrán wǒmen gāng xiāngjiàn, āi!
虽然我们刚相见,哎!

Duōqíng de yǎnjing, wǒ yí jiàn nǐ jiù qīngxīn.
多情的眼睛,我一见你就倾心。

Měilì de gūniang, wǒ de huā'ér!
美丽的姑娘,我的花儿!

Wǒ yào huānxiào, huānxiào. Āi yā yā!
我要欢笑,欢笑。哎呀呀!

Āi! Āi! Āi!
哎!哎!哎!

Měilì de gūniang, wǒ de huā'ér!
美丽的姑娘,我的花儿!

Wǒ yào huānxiào, huānxiào. Āi yā yā!
我要欢笑,欢笑。哎呀呀!

三、歌曲中的词语

1.	亲切	qīnqiè	kind; gracious
2.	心爱	xīn'ài	loved
3.	心花开放	xīnhuā kāifàng	used to describe one's happiness
4.	欢笑	huānxiào	to laugh happily
5.	好比	hǎobǐ	to be compared to; to be just like; may be linked to
6.	海洋	hǎiyáng	sea; ocean
7.	海鸥	hǎi'ōu	sea gull
8.	海面	hǎimiàn	sea surface
9.	飞翔	fēixiáng	to fly; to hover
10.	香甜	xiāngtián	fragrant and sweet
11.	苗条	miáotiao	(of a woman) slender; slim
12.	献	xiàn	to dedicate; to offer
13.	酥油	sūyóu	butter
14.	多情	duōqíng	full of tenderness or affection
15.	倾心	qīngxīn	to adore

专有名词

哈萨克族　　　　Hāsàkèzú　　　　the Kazakhs nationality

1. <u>虽然</u>我们刚相见,我一见你就倾心

"虽然……,……"前后两个分句在意义上是对立的。前一个分句用"虽然"提出某种情况或事实,后一个分句表示转折,后一个分句前可以加"但""可是"等。如:

(1)虽然天气不好,他们还是想出去散散步。

(2)虽然他是个孩子,但懂的东西不少。

(3)虽然我们才认识,可是感觉已经像老朋友一样了。

2. 一见你<u>就</u>倾心

"一……就……"表示两个动作或情况紧接着发生。前一个动作或情况常常是后一个动作或情况发生的条件。如:

(1)我每天一起床就去操场跑步。

(2)他一查词典就明白了。

(3)她一有问题就问老师。

五、歌词中的修辞手法：通感

➡ 你的名字多香甜

通感，是以一种感觉来表现另一种感觉的修辞方式。如：
(1) 她的笑声像蜜糖一样甜美。（听觉→味觉）
(2) 阵阵花香仿佛轻柔的歌。（嗅觉→听觉）

六、练习

(一) 有感情地朗读歌词，注意语调

(二) 用指定词语完成下面的句子

1. 她_____，谁都喜欢她。（一……就……）
2. _____，但是汉语说得很流利。（虽然）
3. 今晚的月亮又大又圆，_____。（好比）
4. 这里有五颜六色的鲜花，_____。（成了）
5. 你看这孩子_____。（多……啊）

(三) 课堂讨论

1. 这首歌的歌名叫《我的花儿》，但是歌词的内容是关于花的吗？"我的花儿"指什么？这个名字包含了怎样的感情？
2. 你知道哪些称呼亲密的恋人或爱人的词语？为什么这么称呼？

(四) 语言实践

中国有一首著名的现代诗《致橡树》,作者是舒婷,请找出这首诗,充满感情地朗读几遍,体会一下其中的含义。

第十八课

Āsīlìyà
阿斯利亚

Tǎtǎ'ěrzú míngē
塔塔尔族 民歌

一、学唱

1=C 2/4

中速稍慢

```
1 1  1 2 3 | 3  3 2 3 5 | 5 3   3 2 1 2 | 2   2 1 2 3 |
```
1. 来吧 我们　　去到 那　　广阔　草　原　　上,到 那
2. 每当 我　　　陪伴 在　　你的　身　旁,　在
3. 灿灿 闪光的　青春 是　　美丽的 花　园,是

```
3 2 3  1 6 6 5 | 5 - ³⁄ | 1  1 6 1 2 | 3  3 2 3 5 |
```
广阔　草原　　上,　　草原 上　到处 都
你的　身　　　旁,　　布谷 鸟总 是要
美丽的 花　　　园,　　花园 的　鲜花

```
5 3  3 2 1 2 | 2  2 1 2 3 | 3 2  1 6 5 | 5 - |
```
盛开 鲜　　　花 呐　　阿　斯利　亚
不停 欢　　　唱 呐　　阿　斯利　亚
多　 芬　　　芳 呐　　阿　斯利　亚,

```
3  5 3 5 6  | 1· 2 3 | 3 2 1 2  1 6 5 3 | 3· 5 |
美丽  的    情  人  阿      斯 利   亚,
蓝色  的    小  鸽子 阿      斯 利   亚,
美丽  的    情  人啊 我  的  小        鸟,

1  2 1 2 3 | 5  5 3 5 1 | 6 5 3  3 2 1 | 1 - ‖
你 日 日    夜 夜 都  在 我 的  心    上。
我 天 天    都 会 来  把 你 看    望。
我 永 远    陪 伴 在  你 的 身    旁。
```

二、歌词朗诵

Lái ba wǒmen qù dào nà guǎngkuò cǎoyuán shang,
来吧我们去到那 广阔 草原 上,

Dào nà guǎngkuò cǎoyuán shang,
到那 广阔 草原 上,

Cǎoyuán shang dàochù dōu shèngkāi xiānhuā na Āsīlìyà,
草原 上 到处 都 盛开 鲜花 呐阿斯利亚,

Měilì de qíngrén Āsīlìyà,
美丽的情人阿斯利亚,

Nǐ rìrì yèyè dōu zài wǒ de xīnshang.
你日日夜夜都在我的心上。

Měidāng wǒ péibàn zài nǐ de shēnpáng,
每当 我陪伴在你的身旁,

Zài nǐ de shēnpáng,
在你的 身旁,

Bùgǔniǎo zǒngshì yào bù tíng huānchàng na　Āsīlìyà,
布谷鸟总是要不停欢唱呐阿斯利亚，

Lánsè de xiǎo gēzi　Āsīlìyà,
蓝色的小鸽子阿斯利亚，

Wǒ tiāntiān dōu huì lái bǎ nǐ kànwàng.
我天天都会来把你看望。

Càncàn shǎnguāng de qīngchūn shì měilì de huāyuán,
灿灿闪光的青春是美丽的花园，

Shì měilì de huāyuán,
是美丽的花园，

Huāyuán de xiānhuā duō fēnfāng na　Āsīlìyà,
花园的鲜花多芬芳呐阿斯利亚，

Měilì de qíngrén a wǒ de xiǎo niǎo,
美丽的情人啊我的小鸟，

Wǒ yǒngyuǎn péibàn zài nǐ de shēnpáng.
我永远陪伴在你的身旁。

三、歌曲中的词语

1. 广阔　　　　guǎngkuò　　　　vast; wide; broad
2. 到处　　　　dàochù　　　　　everywhere
3. 盛开　　　　shèngkāi　　　　(of flowers) to be in full bloom
4. 鲜花　　　　xiānhuā　　　　 fresh flowers
5. 情人　　　　qíngrén　　　　 lover; sweetheart

6. 日夜	rìyè	day and night
7. 陪伴	péibàn	to accompany
8. 身旁	shēnpáng	by the side
9. 布谷鸟	bùgǔniǎo	cuckoo
10. 不停	bù tíng	ceaselessly
11. 欢唱	huānchàng	to sing merrily
12. 鸽子	gēzi	pigeon
13. 看望	kànwàng	to call on; to visit
14. 灿灿	càncàn	sparkling
14. 闪光	shǎnguāng	to glisten; to glister
16. 花园	huāyuán	garden
17. 芬芳	fēnfāng	sweet-smelling; fragrant

专有名词

1. 阿斯利亚	Āsīlìyà	the girl's name
2. 塔塔尔族	Tǎtǎ'ěrzú	the Tatar nationality

四、歌词中的语法

1. 来**吧**我们去到那广阔草原上

"吧"可以用在祈使句,表示命令、请求、催促、建议等。如:

（1）你好好想想吧。

103

(2)快点儿走吧。

(3)别说了吧。

2. 日日夜夜

少数名词可以AABB式重叠,表示普遍意义,有强调之意。多用于书面语。如:

年年月月　　山山水水　　子子孙孙

3. 天天

一些带量词性质的名词可以AA式重叠。如:

(1)赢了球,人人都很高兴。

(2)他事事都认真去做。

(3)天黑了,家家的灯都亮了。

五、练习

(一)有感情地朗读歌词,注意语调

(二)选择恰当的词语填空,每个词只能用一次

天天　　　家家　　　日日夜夜　　　年年　　　人人

1.俗话说得好:"(　　　)有本难念的经"。

2.我要(　　　)地陪在你的身旁。

3. 来华留学生的人数(　　　)增多。

4. 小时候,学校的墙上贴着"好好学习,(　　　)向上"八个字。

5. 保护环境,(　　　)有责。

(三) 选择恰当的语气助词填空

吧　　　吗　　　呢

1. 快走(　　　),要迟到了。

2. 我想你不是中国人(　　　)?

3. 在想什么(　　　)? 叫了好几声你都没听见。

4. A:你是这儿的学生(　　　)?
   B:对。

(四) 语言实践

中国有一首流行歌曲叫《爱情鸟》,听一听这首歌,然后和《阿斯利亚》比较一下,看看这两首歌所讲述的故事是否一样。人们为什么喜欢用"小鸟"来称呼自己心爱的人呢?

第十九课

Yuèliang Zǒu, Wǒ Yě Zǒu
月亮走，我也走

zuòcí: Qú Cóng　zuòqǔ: Hú Jīyīng
作词：瞿　琮　　作曲：胡　积英

一、学唱

1=F 2/4

中速 深情 真挚 优美地

‖: 5 6 6 5 | 5 2 2 1 | 5 6 6 5 | 5 2 2 1 |
1.月亮 走， 我也 走， 我送 阿哥 到村 口，
2.月亮 走， 我也 走， 我送 阿哥 到桥 头，

0 1 6 5 | 1 2 1 2 5 | 4 5 1 6 5 | 5 — |
　到　　 村　　　　 口。
　到　　 桥　　　　 头。

5 6 6 5 | 5 2 2 1 | 5 6 6 5 | 5 2 2 1 |
阿哥 去当 边防 军， 千里 相送 难分 手，
阿哥 是个 好青 年， 千里 边疆 显身 手，

0 7 1 2 | 2 5 2 5 2 | 1 2 5 2 1 | 1 — ‖
　难　 分　　　 手。
　显　 身　　　 手。

第十九课

（曲谱略）

二、歌词朗诵

Yuèliang zǒu, wǒ yě zǒu,
月亮走，我也走，

Wǒ sòng āgē dào cūnkǒu, dào cūnkǒu.
我送阿哥到村口，到村口。

Āgē qù dāng biānfángjūn,
阿哥去当边防军，

Qiānlǐ xiāng sòng nán fēn shǒu, nán fēn shǒu.
千里相送难分手，难分手。

Ā tiānshang yún zhuī yuè,
啊，天上云追月，

Dìxia fēng chuī liǔ,
地下风吹柳，

Yuèliang yuèliang xiēxie jiǎo,
月亮月亮歇歇脚，

Wǒliǎ huà'ér méi shuōgòu, méi shuōgòu.
我俩话儿没说够，没说够。

Yuèliang zǒu, wǒ yě zǒu,
月亮走，我也走，

Wǒ sòng āgē dào qiáotóu, dào qiáotóu.
我送阿哥到桥头，到桥头。

Āgē shì ge hǎo qīngnián,
阿哥是个好青年，

Qiānlǐ biānjiāng xiǎn shēnshǒu, xiǎn shēnshǒu.
千里边疆显身手，显身手。

Ā, wǎnfēng yōuyōu chuī,
啊，晚风悠悠吹，

Xiǎo hé jìngjìng liú,
小河静静流，

Āgē āgē tīng wǒ shuō,
阿哥阿哥听我说，

Zǎo bǎ xǐbào shāo huítóu, shāo huítóu, shāo huítóu.
早把喜报捎回头，捎回头，捎回头。

三、歌曲中的词语

1. 边防军　　　　biānfángjūn　　　　border guard
2. 分手　　　　　fēn shǒu　　　　　　to part company
3. 追　　　　　　zhuī　　　　　　　　to run after

108

4. 柳	liǔ	willow
5. 歇脚	xiē jiǎo	to stop on the way for a rest
6. 边疆	biānjiāng	frontier; borderland
7. 显	xiǎn	to show; to display
8. 身手	shēnshǒu	skill; talent
9. 静	jìng	calm; quiet
10. 喜报	xǐbào	a bulletin of glad news
11. 捎	shāo	to take along sth. to or for sb.
12. 回头	huítóu	back

四、歌词中的语法

1. 我俩话儿没说够

在诗歌和歌曲中,有时候为了节奏和押韵的需要,可以把"儿"单独、清晰地读出来或唱出来。如：

（1）月儿明,风儿静,树叶遮窗棂呀。

（2）蛐蛐儿,叫铮铮,好比那琴弦儿声啊。

通常情况下,"儿"是一个后缀,没有固定的语法意义,附加在前一音节的韵母上,是带卷舌色彩的特殊的音色现象。如：

（1）吃了晚饭,我们俩去看个电影儿吧！

（2）小女孩儿只有三岁，小脸儿红红的。

（3）这是我的手机号码儿。

2. 我俩话儿没<u>说够</u>

"动词+够"，表示达到某一标准或程度。如：

（1）已经玩了一晚上的游戏了，你还没玩够？

（2）那儿的风景太美了，让我看不够。

（3）我打算赚够了钱就去旅行。

五、歌词中的修辞手法：拟人

➡ 月亮<u>走</u>，我也走

天上云<u>追</u>月

月亮，月亮，<u>歇歇脚</u>

拟人，就是把事物当作人来写，给没有生命的事物以人的外表、动作和情感等。如：

（1）顽皮的雨滴最爱在雨伞上跳舞。

（2）秋天到了，树上金黄的果子露出了笑脸，向我们点头微笑。

六、练习

（一）有感情地朗读歌词，注意语调

（二）朗读下面的词语

小脸儿　　花儿　　小孩儿　　瓶盖儿　　玩儿　　小花园儿

（三）指出下面的句子使用了什么修辞方式

对偶　　衬字　　反问　　通感　　拟人

1. 星星眨着眼睛，对我们微微笑。　　　　　　　　（　　　）
2. 他难道不知道今天有考试吗？　　　　　　　　　（　　　）
3. 阵阵花香仿佛轻柔的歌。　　　　　　　　　　　（　　　）
4. 跑马溜溜的山上，一朵溜溜的云。　　　　　　　（　　　）
5. 福如东海，寿比南山。　　　　　　　　　　　　（　　　）

（四）写故事

　　这首歌讲述了一个怎样的故事？把它写出来。

（五）语言实践

　　设想一下，当时男女主人公之间会说什么？可两人一组进行表演。

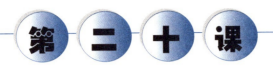

Tàiyáng Chūlai Xǐyángyáng
太阳出来喜洋洋

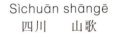

Sìchuān shāngē
四川　山歌

一、学唱

$1=D \dfrac{2}{4}$

中速 高亢地

| 2̇3 2̇1 | 2 3 0 | 1 2 3̇ 2̇ | 2̇1 60 | 56 1 6̇ |

1. 太阳 出来　　（罗 儿）　　喜洋 洋欧　　郎 罗，　　挑起 扁担
2. 手里 拿把　　（罗 儿）　　开山 斧欧　　郎 罗，　　不怕 虎豹
3. 悬岩 陡坎　　（罗 儿）　　不稀 罕欧　　郎 罗，　　唱起 歌儿
4. 走了 一山　　（罗 儿）　　又一 山欧　　郎 罗，　　这山 去了
5. 只要 我们　　（罗 儿）　　多勤 快欧　　郎 罗，　　不愁 吃来

| 2̇ 2̇ 6 | 5 6 0 | 1 6̇ 2̇1 | 1 6̇ 2̇ | 2̇ - ‖

（郎郎 扯　　光 扯）　　上山 冈欧　　罗 罗。
（郎郎 扯　　光 扯）　　和豺 狼欧　　罗 罗。
（郎郎 扯　　光 扯）　　忙砍 柴欧　　罗 罗。
（郎郎 扯　　光 扯）　　那山 来欧　　罗 罗。
（郎郎 扯　　光 扯）　　不愁 穿欧　　罗 罗。

二、歌词朗诵

Tàiyáng chūlai luó'ér xǐyángyáng ōu láng luó,
太阳 出来（罗儿）喜洋洋欧郎 罗，

Tiāoqǐ biǎndan láng láng chě guāng chě shàng shāngǎng ōu luó luo.
挑起扁担（郎 郎 扯 光 扯）上 山冈 欧罗罗。

Shǒu li ná bǎ luó'ér kāishānfǔ ōu láng luó,
手里拿把（罗儿）开山斧欧郎罗，

Bù pà hǔ bào láng láng chě guāng chě hé chái láng ōu luó luo.
不怕虎豹（郎 郎 扯 光 扯）和豺 狼欧罗罗。

Xuányán dǒukǎn luó'ér bù xīhan ōu láng luó,
悬岩 陡坎（罗儿）不稀罕欧郎 罗，

Chàngqǐ gē'ér láng láng chě guāng chě máng kǎn chái ōu luó luo.
唱起歌儿（郎 郎 扯 光 扯）忙 砍 柴 欧罗罗。

Zǒule yì shān luó'ér yòu yì shān ōu láng luó,
走了一山（罗儿）又一山 欧郎罗，

Zhè shān qùle láng láng chě guāng chě nà shān lái ōu luó luo.
这山去了（郎 郎 扯 光 扯）那山来欧罗罗。

Zhǐyào wǒmen luó'ér duō qínkuai ōu láng luó,
只要我们（罗儿）多 勤快欧郎 罗，

Bù chóu chī lái láng láng chě guāng chě bù chóu chuān ōu luó luo.
不愁吃来（郎 郎 扯 光 扯）不愁 穿欧罗罗。

三、歌曲中的词语

1. 喜洋洋　　　xǐyángyáng　　　beaming with joy
2. 挑　　　　　tiāo　　　　　　 to carry on the shoulder with a pole
3. 扁担　　　　biǎndan　　　　 shoulder pole
4. 山冈　　　　shāngǎng　　　　mound
5. 开山斧　　　kāishānfǔ　　　 an axe for grazing or firewood gathering
6. 虎　　　　　hǔ　　　　　　　tiger
7. 豹　　　　　bào　　　　　　　leopard
8. 豺　　　　　chái　　　　　　jackal
9. 狼　　　　　láng　　　　　　wolf
10. 悬岩　　　 xuányán　　　　 cliff
11. 陡坎　　　 dǒukǎn　　　　　steep mound
12. 稀罕　　　 xīhan　　　　　 to mind; to take sth. seriously
13. 砍　　　　 kǎn　　　　　　 to cut; to chop
14. 柴　　　　 chái　　　　　　firewood
15. 勤快　　　 qínkuai　　　　 diligent; hardworking
16. 愁　　　　 chóu　　　　　　to worry

四、歌词中的语法

1. 太阳<u>出来</u>

"出来"表示从里面到外面,而且说话人在外面,这时,"出来"的反义词是"进去";相反的,当说话人在里面时,要表达同样的"从里面到外面"的意思,应该用"出去",反义词是"进来"。

"出来"可以单独使用,也可以放在一些动词后。动词有宾语时,如果宾语是表示处所的,要放在"出"和"来"之间。如果宾语是表示事物的,宾语可以放在"出来"之后,也可以放在"出"和"来"之间。如:

(1)他马上就出来,咱们等等他吧。

(2)待会吃完饭,我们出去散步吧。

(3)孩子跑出教室来了。

(4)她从书包里拿出来几本书。／她从书包里拿出几本书来。

2. 手里拿<u>把</u>开山斧

这里的"把"是量词,常常用在有把手或能用手抓起的东西上。当数量是"一"时,"一"常常省略不说。如:

(1)看样子会下雨,出门时得带把伞。

(2)去商店顺便帮我买几把梳子。

3. 唱<u>起</u>歌儿

"动词+起"在这里表示开始并继续。如:

(1)外面下起雨了。

(2)音乐响起,大家唱起来、跳起来了。

(3)上个学期她学小提琴,这个学期她学起钢琴来了。

五、练习

(一) 用指定词语完成下面的句子

1. 我看见他从_____。(教室 走 出来)
2. 上课的时候,他突然_____。(唱 歌 起来)
3. 小明慌慌张张地_____。(跑 宿舍 进来)
4. 外面_____。(下 大雪 起来)

(二) 选择恰当的量词填空

把　　张　　片　　根　　瓶

1. 这(　　)钥匙是谁的,你知道吗?
2. 这桌再来五(　　)啤酒。
3. 早上,我只吃了几(　　)面包,现在肚子饿得咕咕叫。
4. 请把这(　　)桌子搬到教室后面去。
5. 只有一(　　)筷子,怎么用啊?
6. 我抓了一大(　　)糖放在了口袋里。

(三) 课堂讨论

1. 这首歌的歌名是《太阳出来喜洋洋》,它是什么意思?
2. 你觉得这首民歌一般是男生唱还是女生唱?为什么?

第二十一课

Mǎyīlā
玛依拉

Hāsàkèzú míngē
哈萨克族 民歌

一、学唱

1=E 3/4

热情活泼

mp
5 17 1 | 71 27 1 | 7 6 7 2 | 1 - - | 1 - - |

mp

1. 人们 都 叫我 玛依 拉，诗人 玛依 拉，
2. 我 是 瓦利 姑 娘，名叫 玛依 拉，
3. 白手 巾 四 边 上，绣满了 玫瑰 花，

mp
5 17 1 | 71 27 1 | 7 6 7 2 | 1 - - | 1 - - |

mp

牙齿 白 声音 好，歌手 玛依 拉。
白手 巾 四 边 上，绣满了 玫瑰 花。
谁能 来 唱上 一首歌 比比 玛依 拉。

5 17 1 | 71 27 1 | 7 76 71 | 76 55 50 |

f

高兴 时 唱上 一首歌，弹起 冬不 拉，冬不 拉，
年轻 的 哈萨 克，人人 羡慕 我，羡慕 我，
年轻 的 哈萨 克，人人 知道 我，知道 我，

117

唱民歌学汉语

（乐谱）

来往　　人们　挤在　我的屋　檐底下。
谁的歌　声　来　和我比　一下呀。
从那远　山　跑　到了我　的家呀。

玛依拉　拉依　拉哈拉拉库　拉依拉　拉依

拉哈拉拉库　拉依拉呀　拉　拉拉。

1.2. 拉。 3. 拉。

二、歌词朗诵

Rénmen dōu jiào wǒ Mǎyīlā, shīrén Mǎyīlā,
人们 都叫我玛依拉，诗人玛依拉，

Yáchǐ bái shēngyīn hǎo, gēshǒu Mǎyīlā.
牙齿白 声音好，歌手玛依拉。

Gāoxìng shí chàngshang yì shǒu gē,
高兴时 唱上 一首歌，

Tánqǐ dōngbùlā, dōngbùlā,
弹起冬不拉，冬不拉，

Láiwǎng rénmen jǐ zài wǒ de wūyán dǐxia.
来往人们挤在我的屋檐底下。

Mǎyīlā lā yī lā hā lā lā kù
玛依拉依拉哈拉拉库

Lā yī lā lā yī lā hā lā lā kù
拉依拉拉依拉哈拉拉库

Lā yī lā ya lā lā lā lā.
拉依拉呀拉拉拉拉。

Wǒ shì Wǎlì gūniang, míng jiào Mǎyīlā,
我是瓦利姑娘,名叫玛依拉,

Bái shǒujīn sìbiān shang, xiùmǎnle méiguihuā.
白手巾四边上,绣满了玫瑰花。

Niánqīng de Hāsàkè,
年轻的哈萨克,

Rénrén xiànmù wǒ, xiànmù wǒ,
人人羡慕我,羡慕我,

Shuí de gēshēng lái hé wǒ bǐ yíxià ya.
谁的歌声来和我比一下呀。

Mǎyīlā lā yī lā hā lā lā kù
玛依拉依拉哈拉拉库

Lā yī lā lā yī lā hā lā lā kù
拉依拉拉依拉哈拉拉库

Lā yī lā ya lā lā lā lā,
拉依拉呀拉拉拉拉,

Bái shǒujīn sìbiān shang, xiùmǎnle méiguihuā,
白手巾四边上,绣满了玫瑰花,

Shuí néng lái chàng shang yì shǒu gē bǐbǐ Mǎyīlā.
谁能来唱上一首歌比比玛依拉。

Niánqīng de Hāsàkè,
年轻的哈萨克，

Rénrén zhīdao wǒ, zhīdao wǒ,
人人知道我，知道我，

Cóng nà yuǎnshān pǎodàole wǒ de jiā ya.
从那远山跑到了我的家呀。

Mǎyīlā lā yī lā hā lā lā kù
玛依拉拉依拉哈拉拉库

Lā yī lā lā yī lā hā lā lā kù
拉依拉拉依拉哈拉拉库

Lā yī lā ya lā lā lā lā,
拉依拉呀拉拉拉拉。

三、歌曲中的词语

1. 诗人　　　　shīrén　　　　　poet
2. 牙齿　　　　yáchǐ　　　　　tooth
3. 歌手　　　　gēshǒu　　　　singer
4. 首　　　　　shǒu　　　　　a measure word (for song, poem, etc.)
5. 弹　　　　　tán　　　　　　to play
6. 冬不拉　　　dōngbùlā　　　a plucked stringed instrument, used by Kazak nationality
7. 来往　　　　láiwǎng　　　　to come and go

8. 屋檐	wūyán	eaves
9. 底下	dǐxia	under; below
10. 名	míng	name
11. 手巾	shǒujīn	handkerchief (*dialect*)
12. 玫瑰	méigui	rose
13. 羡慕	xiànmù	to admire; to envy

专有名词

1. 玛依拉	Mǎyīlā	the Kazak girl's name
2. 瓦利	Wǎlì	the name of Mayila's father

四、歌词中的语法

1. 白手巾四边上<u>绣满</u>了玫瑰花

"动词+满"表示一个空间里不能再放更多的东西了。如：

（1）桌上摆满了菜，杯子里倒满了酒。

（2）教室里挤满了人，没有座位了。

2. 和我<u>比一下</u>

"动词+一下"表示尝试或动作的时间短。如：

（1）你尝一下，菜的味道怎么样？

（2）你的手机借我用一下，好吗？

五、练习

(一) 有感情地朗读歌词,注意语调

(二) 选择恰当的词语填空,每个词只能用一次

> 人们　声音　高兴　弹　一下
> 挤　年轻　羡慕　知道

1. 老师说话的（　　）真好听。

2. 天冷了,（　　）都换上了冬装。

3. （　　）的时候,他经常会（　　）上一两首曲子。

4. 王老师已经四十多了,但是显得很（　　）。

5. 我不（　　）买什么礼物好。

6. 因为有位明星要来,操场上（　　）满了人。

7. 毕业后,他找到了一份理想的工作,同学们都很（　　）他。

8. 这是你写的诗吗?给我看（　　),行吗?

(三) 选择恰当的词语填空,每个词只能用一次

> 上　到　起　在　满　对　完

1. 姐姐拿（　　）一本书给我。

2. 今天的作业很多,你做（　　）了没有?

3. (小明在看电视)妈妈:"小明,我叫你睡觉,你怎么又看(　　　)了?"

4. 他走(　　　)我面前,告诉我他是我妈妈的朋友。

5. 公园里开(　　　)了鲜花,真漂亮!

6. 这个字,你没有写(　　　),你写错了。

7. 那棵树长(　　　)石缝里。

(四)课堂讨论

　　说说你心目中的"玛依拉"是什么样子的?在你的国家,有类似的民歌吗?

第二十二课

Zài Nà Yáoyuǎn de Dìfang
在那 遥远 的 地方

zuòcí: Wáng Luòbīn   zuòqǔ: Wáng Luòbīn
作词：王　洛宾　　作曲：王　洛宾

一、学唱

$1=E \quad \frac{2}{4}$

```
6 1  2 1 7 | 6 1  2 - | 2· 1 6 | 6 1  1 7 | 6 - |
```
1. 在那 遥远的　　地　方　　　　　　　　　有位 好姑　娘，
2. 她那 粉红的　　笑　脸　　　　　　　　　好像 红太　阳，
3. 我愿 抛弃了　　财　产　　　　　　　　　跟她 去放　羊，
4. 我愿 做一只　　小　羊　　　　　　　　　跟在 她身　旁，

```
6 1  2 1 6 | 5 6 5  4 5 | 6 1  4 5 | 6 5 4  3 | 2 - ‖
```
人们 走过　　她的　帐房　　都要 回头　　留恋地 张　望。
她那 活泼　　动人的 眼睛　　好像 晚上　　明媚的 月　亮。
每天 看着那　粉红的 笑脸　　和那 美丽　　金边的 衣　裳。
我愿 她拿着　细细的 皮鞭　　不断 轻轻　　打在我 身　上。

二、歌词朗诵

Zài nà yáoyuǎn de dìfang
在那遥远的地方

Yǒu wèi hǎo gūniang,
有位好姑娘,

Rénmen zǒuguò tā de zhàngfáng
人们走过她的帐房

Dōu yào huítóu liúliàn de zhāngwàng.
都要回头留恋地张望。

Tā nà fěnhóng de xiàoliǎn
她那粉红的笑脸

Hǎoxiàng hóng tàiyáng,
好像红太阳,

Tā nà huópō dòngrén de yǎnjing
她那活泼动人的眼睛

Hǎoxiàng wǎnshang míngmèi de yuèliang.
好像晚上明媚的月亮。

Wǒ yuàn pāoqìle cáichǎn
我愿抛弃了财产

Gēn tā qù fàng yáng,
跟她去放羊,

Měitiān kànzhe nà fěnhóng de xiàoliǎn
每天看着那粉红的笑脸

Hé nà měilì jīnbiān de yīshang.
和那美丽金边的衣裳。

Wǒ yuàn zuò yì zhī xiǎoyáng
我愿做一只小羊

Gēn zài tā shēnpáng,
跟在她身旁，

Wǒ yuàn tā názhe xìxì de píbiān
我愿她拿着细细的皮鞭

Búduàn qīngqīng dǎ zài wǒ shēnshang.
不断轻轻打在我身上。

三、歌曲中的词语

1.	遥远	yáoyuǎn	distant; far away
2.	帐房	zhàngfáng	tent
3.	留恋	liúliàn	to be reluctant to leave
4.	张望	zhāngwàng	to peep; to look around
5.	粉红	fěnhóng	rosy
6.	笑脸	xiàoliǎn	smiling face
7.	活泼	huópō	lively; vivacious
8.	动人	dòngrén	moving; touching
9.	明媚	míngmèi	bright and beautiful
10.	愿	yuàn	to hope; to wish; to desire
11.	抛弃	pāoqì	to abandon
12.	财产	cáichǎn	property

13. 金	jīn	golden
14. 衣裳	yīshang	clothes
15. 皮鞭	píbiān	leather whip
16. 不断	búduàn	continuously; constantly

四、歌词中的语法

1. 我愿抛弃了财产

　　我愿做一只小羊

　　我愿她拿着细细的皮鞭，不断轻轻打在我身上。

"愿"在这里表示因做某事或发生某种情况符合心意而同意去做，主要用在动词、形容词之前。如：

（1）他愿学汉语。

（2）我们都愿安静一点儿。

（3）我非常愿和你们一起去。

2. 跟她去放羊

"跟"在这里是介词，引起动作的对象，表示"共同、协同"的意思。如：

（1）我跟你们一起走。

（2）他跟同学游泳去了。

3. 跟在她身旁

这里的"跟"是动词,和"跟她去放羊"的"跟"不同,意思是在后面紧接着向同一方向行动。不能单用,必须加上补语或宾语。如:

(1) 你慢一点儿,快了我跟不上。

(2) 他在前面走,孩子们在后面跟着。

五、练习

(一) 有感情地朗读歌词,注意语调

(二) 选择恰当的词语填空,每个词只能用一次

愿　跟　会　有　位　着

1. 从前,(　　)一(　　)勤劳善良的小伙子。

2. 姑娘笑(　　)对我说:"我就是你要找的人。"

3. 你别走那么快,我都(　　)不上了。

4. (　　)有情人终成眷属。

5. 我想他今天不(　　)来了。

(三) 用指定词语完成下面的句子

1. 我们都希望你俩能生活幸福。(愿)

2. 我想成为你事业上的好伙伴,生活上的好伴侣。(愿)

_____。

3. 我和他一起去上海找工作。(跟)

_____。

4. 我在前面走,孩子们在后面走。(跟)

_____。

(四)课堂讨论

歌中提到的"遥远的地方"是一个什么样的地方?那里有谁?为什么他会如此思念那位姑娘?

第二十三课

可爱的一朵玫瑰花
Kě'ài de Yì Duǒ Méiguihuā

Hāsàkèzú míngē
哈萨克族 民歌

一、学唱

1=D 2/4

中速

| 1·2 3 | 45 43 | 2 0 | 32 34 | 5 - | 1·2 3 |
1. 可爱的 一朵 玫瑰 花， 塞地 玛利 亚， 可爱的
2. 强壮的 青年哈 萨克 伊万 都 达尔， 强壮的

| 45 43 | 2 0 | 34 32 | 1 - | 5 1 | 12 32 |
一朵 玫瑰 花， 塞地 玛利 亚。 那天 我在 山上
青年哈 萨克 伊万 都 达尔。 今天 晚上 请你

| 2̇1 76 | 5 1 | 12 32 | 13 21 | 72 17 | 6 0 |
打猎 骑着 马， 正当 你在 山下 歌唱 婉转 入云 霞，
过河 到我 家,喂 饱你的 马 儿拿上 你的 冬不 拉，

| 61 17 | 1̇ 6 5 | 56 65 | 65 3·2 | 12 3 |
歌声 使我 迷了 路， 我从 山坡 滚 下， 唉呀 呀！
等那 月儿 升上 来， 拨动 你的 琴 弦， 唉呀 呀！

```
5·4 4 3 | 3 5 2 2 | 1 - ‖
你 的 歌声   婉转 入云   霞。
我 俩 相依   歌唱 在树   下。
```

  二、歌词朗诵

Kě'ài de yì duǒ méiguīhuā,
可爱的一朵玫瑰花，

Sàidì Mǎlìyà,
塞地玛利亚，

Kě'ài de yì duǒ méiguīhuā,
可爱的一朵玫瑰花，

Sàidì Mǎlìyà.
塞地玛利亚。

Nà tiān wǒ zài shān shang dǎ liè qízhe mǎ,
那天我在山上打猎骑着马，

Zhèngdāng nǐ zài shān xia gēchàng wǎnzhuǎn rù yúnxiá,
正当你在山下歌唱婉转入云霞，

Gēshēng shǐ wǒ míle lù,
歌声使我迷了路，

Wǒ cóng shānpō gǔnxià, āi yā yā!
我从山坡滚下，唉呀呀！

Nǐ de gēshēng wǎnzhuǎn rù yúnxiá.
你的歌声婉转入云霞。

Qiángzhuàng de qīngnián Hāsàkè,
强壮的青年哈萨克，

唱民歌学汉语

Yīwàn　　Dūdá'ěr,
伊万都达尔，

Qiángzhuàng de qīngnián Hāsàkè,
强壮　的青年哈萨克，

Yīwàn　　Dūdá'ěr.
伊万都达尔。

Jīntiān wǎnshang qǐng nǐ guò hé dào wǒ jiā,
今天晚上　请你过河到我家，

Wèibǎo nǐ de mǎ'ěr náshàng nǐ de dōngbùlā,
喂饱你的马儿拿上你的冬不拉，

Děng nà yuè'ér shēng shanglai,
等那月儿升上来，

Bōdòng nǐ de qínxián, āi yā yā!
拨动你的琴弦，唉呀呀！

Wǒliǎ　xiāngyī gēchàng zài shù xia.
我俩相依歌唱在树下。

三、歌曲中的词语

1. 可爱	kě'ài	lovely
2. 打猎	dǎ liè	to hunt; to go hunting
3. 正当	zhèngdāng	just when; just the time for
4. 婉转	wǎnzhuǎn	sweet and agreeable
5. 入	rù	to go into
6. 云霞	yúnxiá	rosy clouds

第二十三课

7. 迷路	mí lù	to lose one's way; to get lost
8. 滚	gǔn	to tumble
9. 强壮	qiángzhuàng	strong; sturdy; robust
10. 喂	wèi	to feed
11. 拨	bō	to pluck
12. 琴弦	qínxián	string (of a musical instrument)
13. 相依	xiāngyī	to cuddle; to snuggle

专有名词

1. 塞地	Sàidì	the girl's name
2. 玛利亚	Mǎlìyà	the girl's surname
3. 伊万	Yīwàn	the boy's name
4. 都达尔	Dūdá'ěr	the boy's surname

四、歌词中的语法

1. 我在山上打猎、你在山下歌唱

当表示动作发生或进行的地点时，"在+处所名词"作句子的状语，要放在动词的前面。如：

（1）我在武汉大学学习汉语。

（2）麦克在食堂吃午饭。

（3）他在房间睡觉。

这首歌的最后一句是"我俩相依歌唱在树下"，则是为了押韵的需要，把"我俩在树下相依歌唱"中的"在树下"放到了动词"歌唱"的后面。

2. 歌声使我迷了路

"使"在这里的意思是"让、叫"，一般用在书面语。如：

（1）下个星期的考试使我很紧张。

（2）每天喝一小杯红酒能使人更健康。

3. 等那月儿升上来

这里的"等"，表示"等到"，意思是到某一时间或者满足了某种条件后进行某事，后面常常有"再、才、就"等词相呼应。如：

（1）等雨停了我再走。

（2）等我起床时，才发现已经9点了。

（3）等大家都来了，我们就出发。

五、练习

（一）有感情地朗读歌词，注意语调

第二十三课

(二) 选择恰当的词语填空

那天　使　请　等　拨　拿

1. (　　), 我走在路上, 突然遇见了他。
2. 今晚有空儿吗? 我想(　　)你吃饭。
3. (　　)动琴弦, 也(　　)动了我的心。
4. 他(　　)起一把吉他弹起来。
5. (　　)我来了, 你再走吧。
6. 这件事(　　)我很生气。

(三) 课堂讨论

1. 玛利亚是一个怎样的姑娘? 都达尔是一个怎样的小伙子? 他俩是怎么认识的?
2. 你相信一见钟情吗?

Căi Huā
采 花

Sìchuān míngē
四川 民歌

一、学唱

$1=E \dfrac{2}{4}$

稍快 活跃地

2 1 1 2	3· 5 3 6	2 1 1 2	3 1 2 3 6
1.正 月 里	采 花	无 哟 花	采，
2.三 月 里	桃 花	红 哟 四	海，
3.五 月 里	石 榴	尖 哟 对	尖，
4.七 月 里	谷 米	造 哟 酒	浆，
5.九 月 里	菊 花	怀 哟 里	揣，
6.冬 月 里	腊 月	无 哟 花	采，

3 5 6 1	6 5 3	6 3 2 3	1 ∨ 1 2 3 5
二 月 间	采 花	花 哟 正	开， 二 月
四 月 间	采 葡 萄	哟 上	四 月
六 月 间	芍 药	架 哟 赛	六 月
八 月 间	闻 着	桂 哟 人	杏， 八 月
十 月 的	松 柏	人 哟 自	爱 开， 十 月
霜 打	梅 花	便 哟	霜 打

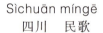

```
3  2 1  | 6· 1  6͡ 1 | 6  -  ‖
间  采花    花  哟   正      开。
间  葡萄    架  哟   上      开。
间  芍药    赛  哟   牡      丹。
间  闻着    桂  哟   花      香。
间  松柏    人  哟   人      爱。
的  梅花    便  哟   自      开。
```

二、歌词朗诵

Zhēngyuè li cǎi huā wú yo huā cǎi,
正月 里采花无哟花采，

Èryuè jiān cǎi huā huā yo zhèng kāi.
二月间采花花哟 正开。

Èryuè jiān cǎi huā huā yo zhèng kāi.
二月间采花花哟 正开。

Sānyuè li táohuā hóng yo sìhǎi,
三月里桃花 红 哟四海，

Sìyuè jiān pútaojià yo shàng kāi.
四月间葡萄架哟 上开。

Sìyuè jiān pútaojià yo shàng kāi.
四月间葡萄架哟 上开。

Wǔyuè li shíliujiān yo duì jiān,
五月里石榴尖哟对尖，

Liùyuè jiān sháoyào sài yo mǔdān.
六月间芍药 赛哟牡丹。

<small>Liùyuè jiān sháoyào sài yo mǔdān.</small>
六月间芍药赛哟牡丹。

<small>Qīyuè li gǔmǐ zào yo jiǔjiāng,</small>
七月里谷米造哟酒浆,

<small>Bāyuè jiān wénzhe guì yo huā xiāng.</small>
八月间闻着桂哟花香。

<small>Bāyuè jiān wénzhe guì yo huā xiāng.</small>
八月间闻着桂哟花香。

<small>Jiǔyuè li júhuā huái yo lǐ chuāi,</small>
九月里菊花怀哟里揣,

<small>Shíyuè jiān sōngbǎi rén yo rén ài.</small>
十月间松柏人哟人爱。

<small>Shíyuè jiān sōngbǎi rén yo rén ài.</small>
十月间松柏人哟人爱。

<small>Dōngyuè li làyuè wú yo huā cǎi,</small>
冬月里腊月无哟花采,

<small>Shuāngdǎ de méihuā biàn yo zì kāi.</small>
霜打的梅花便哟自开。

<small>Shuāngdǎ de méihuā biàn yo zì kāi.</small>
霜打的梅花便哟自开。

三、歌曲中的词语

1. 桃花　　　　　táohuā　　　　　peach blossom
2. 四海　　　　　sìhǎi　　　　　the whole world

3. 葡萄	pútao	grape
4. 架	jià	trellis
5. 石榴	shíliu	pomegranate
6. 尖	jiān	tip; top
7. 对	duì	to face; to be in an opposite position
8. 芍药	sháoyào	Chinese herbaceous peony
9. 赛	sài	to surpass
10. 牡丹	mǔdān	peony
11. 造	zào	to make; to create
12. 酒浆	jiǔjiāng	liquor; alcoholic drinks
13. 闻	wén	to smell
14. 桂花	guìhuā	sweet-scented osmanthus
15. 菊花	júhuā	chrysanthemum
16. 怀	huái	bosom
17. 揣	chuāi	to hide (in the bosom)
18. 松	sōng	pine (tree)
19. 柏	bǎi	cypress
20. 冬月	dōngyuè	the eleventh month of the lunar year
21. 腊月	làyuè	the twelfth month of the lunar year

22. 霜　　　　　shuāng　　　　　frost
23. 梅花　　　　méihuā　　　　 plum blossom
24. 便　　　　　biàn　　　　　 soon afterwards
25. 自　　　　　zì　　　　　　 oneself; one's own

四、歌词中的语法

1. 二月间采花花哟正开

动词前加"正",表示动作在进行中或状态在持续中。如：

(1) 老师正上课呢。

(2) 他们不在教室,他们正踢球呢。

2. 霜打的梅花

"梅花"的定语是主谓短语"霜打"。这是主谓短语作定语。如：

购买的书　　手写的信　　机器生产的食品

五、歌词中的修辞手法：层递

➡ 正月里采花无哟花采,二月间采花花哟正开,三月里桃花红哟四海……

层递,是根据事物的逻辑关系,连用结构相似、内容递升或递降的语句,表示层层递进。这首歌中,"正月、二月、三月……"的结构表达了时

间的推移。如：

（1）一朵、两朵、三朵……花渐渐开了。

（2）时间一天一天地过去，一月一月地过去，一年一年地过去。

六、练习

（一）用指定词语完成下面的句子

1. A：你进去的时候，他们正干什么呢？

   B：_____。（正）

2. _____一会儿再打给你。（正）

3. _____书很有意思。（买的）

4. _____饺子很好吃。（做的）

（二）在这首民歌中使用了"层递"这一修辞手法，你从别的诗歌、歌词中还能找到同样的例子吗？

（三）课堂讨论

1. 这首民歌中提到了几种花，这些花你都认识吗？你最喜欢哪种花？
2. 请找出一首描写花的古诗。

第二十五课

Měilì de Gūniang
美丽的姑娘

Hāsàkèzú míngē
哈萨克族 民歌

一、学唱

$1=\text{E} \quad \dfrac{3}{4}$

中速

5 5　1·7 6 7 | $\dfrac{2}{4}$ 1 1 6 5 | $\dfrac{3}{4}$ 5 5　1 7 6 7 | $\dfrac{4}{4}$ 1 − − − |

1. 美丽的 姑娘 见过　万万　千，　独有你　最可　爱。
2. 把你的 容貌 比作　鲜　花，　你比鲜花还　艳。
3. 你的　舞姿 轻盈　妩　媚，　就像天上神　仙。
4. 话儿　从你 嘴里　吐　出，　就会变得更清　甜。

| $\dfrac{3}{4}$ 5 5　1 7 6 7 | $\dfrac{2}{4}$ 1 1 6 5 3 | $\dfrac{3}{4}$ 5 5　6 6 5　3·1 | 2 3 2 1　1 − :|

你像 冲出 朝霞的　太　阳，　无比的新　鲜。姑娘呀！
世上 多少 人呀　向　你，　望得脖子　酸。姑娘呀！
你那 流星似的　双　眼，　能把海底　穿。姑娘呀！
只有 最吉祥的　日　子，　你才下　凡。姑娘呀！

1 1 6 5 | $\dfrac{2}{4}$ 6 1 6 5　3·1 | $\dfrac{3}{4}$ 2 3　4 5 4　3·1 | 2 3 2 1　1 −

你像鱼儿　生活在　自由的水晶　宫，姑娘呀！

1 1 6 5 | $\dfrac{2}{4}$ 6 1 6 5　3·1 | $\dfrac{3}{4}$ 2 3　4 5 4　3·1 | 2 3 2 1　1 −

又像夜莺　歌唱在　青翠的林　园，姑娘呀！

二、歌词朗诵

Měilì de gūniang jiànguo wànwànqiān,
美丽的姑娘见过万万千,

Dú yǒu nǐ zuì kě'ài.
独有你最可爱。

Nǐ xiàng chōngchū zhāoxiá de tàiyáng,
你像冲出朝霞的太阳,

Wúbǐ de xīnxiān.
无比的新鲜。

Gūniang ya!
姑娘呀!

Nǐ xiàng yú'ér shēnghuó zài zìyóu de shuǐjīnggōng, gūniang ya!
你像鱼儿生活在自由的水晶宫,姑娘呀!

Yòu xiàng yèyīng gēchàng zài qīngcuì de línyuán, gūniang ya!
又像夜莺歌唱在青翠的林园,姑娘呀!

Bǎ nǐ de róngmào bǐ zuò xiānhuā,
把你的容貌比作鲜花,

Nǐ bǐ xiānhuā hái yàn.
你比鲜花还艳。

Shìshang duōshao rén ya xiàng nǐ,
世上多少人呀向你,

Wàng de bózi suān.
望得脖子酸。

Gūniang ya!
姑娘呀!

Nǐ xiàng yú'ér shēnghuó zài zìyóu de shuǐjīnggōng, gūniang ya!
你像鱼儿生活在自由的水晶宫,姑娘呀!

Yòu xiàng yèyīng gēchàng zài qīngcuì de línyuán, gūniang ya!
又像夜莺歌唱在青翠的林园,姑娘呀!

Nǐ de wǔzī qīngyíng wǔmèi,
你的舞姿轻盈妩媚,

Jiù xiàng tiānshang shénxiān.
就像天上神仙。

Nǐ nà liúxīng shìde shuāngyǎn,
你那流星似的双眼,

Néng bǎ hǎidǐ chuān.
能把海底穿。

Gūniang ya!
姑娘呀!

Nǐ xiàng yú'ér shēnghuó zài zìyóu de shuǐjīnggōng, gūniang ya!
你像鱼儿生活在自由的水晶宫,姑娘呀!

Yòu xiàng yèyīng gēchàng zài qīngcuì de línyuán, gūniang ya!
又像夜莺歌唱在青翠的林园,姑娘呀!

Huà'ér cóng nǐ zuǐli tǔchū,
话儿从你嘴里吐出,

Jiù huì biàn de gèng qīngtián.
就会变得更清甜。

Zhǐyǒu zuì jíxiáng de rìzi,
只有最吉祥的日子,

Nǐ cái xià fán.
你才下凡。

Gūniang ya!
姑娘呀!

你像鱼儿生活在自由的水晶宫,姑娘呀!

Yòu xiàng yèyīng gēchàng zài qīngcuì de línyuán, gūniang ya!
又像夜莺歌唱在青翠的林园,姑娘呀!

三、歌曲中的词语

1.	独	dú	only
2.	冲	chōng	to rush
3.	朝霞	zhāoxiá	rosy clouds of dawn
4.	无比	wúbǐ	matchlessly; incomparably
5.	新鲜	xīnxiān	fresh
6.	自由	zìyóu	free
7.	水晶宫	shuǐjīnggōng	the Crystal Palace (of the Dragon King)
8.	夜莺	yèyīng	nightingale
9.	青翠	qīngcuì	verdant
10.	林园	línyuán	gardens
11.	容貌	róngmào	appearance; looks
12.	艳	yàn	gorgeous
13.	世上	shìshang	in the world
14.	舞姿	wǔzī	dancing posture
15.	轻盈	qīngyíng	lithe and graceful
16.	妩媚	wǔmèi	(of a woman) lovely; charming
17.	神仙	shénxiān	god; goddess

18. 流星	liúxīng	meteor
19. 似的	shìde	seem as if
20. 海底	hǎidǐ	seabed
21. 吐	tǔ	to say; to tell; to pour out
22. 清甜	qīngtián	fresh and sweet
23. 只有	zhǐyǒu	only; alone
24. 吉祥	jíxiáng	lucky; auspicious
25. 下凡	xià fán	(of gods) to descend to the world

四、歌词中的语法

1. 你比鲜花还艳

"A比B还……"中的"还",相当于"更加",表示程度更高。如:

(1) 哥哥很聪明,弟弟比哥哥还聪明。

(2) 这个苹果比鸡蛋还小。

(3) 因为没有暖气,南方的冬天比北方还冷。

2. 只有最吉祥的日子,你才下凡。

"只有……才……"是条件句。"只有"后面是实现结果的唯一的条件,没有这个条件就不能产生"才"后面所说的结果。

(1) 只有大家一起努力,我们才能成功。

(2) 只有得到90分以上的学生,才能拿到奖学金。

五、歌词中的修辞手法:夸张

➤ 美丽的姑娘见过<u>万万千</u>。

夸张,是为了加强所说的话的力量,用夸大的语言来形容事物的一种表达方式。如:

(1)我饿得可以吃掉一头牛!
(2)他的朋友比天上的星星还要多。

六、练习

(一)有感情地朗读歌词,注意语调

(二)用指定词语完成下面的句子

1.这家商场的东西很贵,＿＿＿＿＿＿＿＿＿＿＿。(比……还)
2.弟弟性格内向,＿＿＿＿＿＿＿＿＿＿＿＿。(比……还)
3.只有大家共同努力,＿＿＿＿＿＿＿＿＿＿＿＿。(才)
4.＿＿＿＿＿＿＿＿＿＿＿＿＿,才能学会。(只有)
5.我肚子＿＿＿＿＿＿＿＿＿＿＿＿＿＿。(饿得……)

(三)课堂讨论

这首民歌从哪些方面来描写这位美丽的姑娘?

(四)语言实践

介绍一位你的好朋友或者你喜欢的人。

第二十六课

Sìjì Gē
四季歌

Qīnghǎi míngē
青海 民歌
zuòcí: Shí Diànfēng qǔzhěnglǐ: Wáng Yúnjiē
作词：石 殿峰　曲整理： 王 云阶

$1=$ E $\frac{2}{4}$

欢快地

```
3 6  3532 | 3217 6 | 6 6 1  6535 | 6 - | 6 6 2  6535 | 6 - |
```
1. 春季里 么就 到 了 这， 水仙 花儿 开， 水仙 花儿 开，
2. 夏季里 么就 到 了 这， 女儿 心上 焦， 女儿 心上 焦，
3. 秋季里 么就 到 了 这， 丹桂 花儿 香， 丹桂 花儿 香，
4. 冬季里 么就 到 了 这， 雪花 满天 飞， 雪花 满天 飞，

```
6 6  2·2 | 6165  55#4 | 6 6 1  5653 | 2·3  5653 |
```
年轻 轻个 女儿 家呀 采里么采 青 来 呀，
石榴 花个 子儿 结的 赛过了 玛 瑙 呀，
女儿 家个 心儿 上啊 起了个 波 浪 呀，
女儿 家个 心儿 是啊 赛过那雪花 白 呀，

```
235  3217 | 6 - | 661  653 | 2·3  561 | 2317 | 6·1  5653 |
```
小呀 阿哥 哥， 小呀 阿哥 哥， 小呀 阿哥 哥 呀！
小呀 阿哥 哥， 小呀 阿哥 哥， 小呀 阿哥 哥 呀！
小呀 阿哥 哥， 小呀 阿哥 哥， 小呀 阿哥 哥 呀！
小呀 阿哥 哥， 小呀 阿哥 哥， 小呀 阿哥 哥 呀！

```
2 3 5  3 2 1 7 | 6 - :‖  5 6 1  2 3 1 7 | 6· 1  5 6 5 3 |
托一把  手 过    来。      小呀 阿 哥        哥     呀!
亲手么  摘 一    颗。
扯不断  情 丝    长。
认清了  你 再    来。

2 3 5  3 2 1 7 | 6 - ‖
认清了  你 再    来。
```

二、歌词朗诵

Chūnjì li me jiù dàole zhè,
春季里么就到了这,

Shuǐxiān huā'ér kāi, shuǐxiān huā'ér kāi,
水仙 花儿开,水仙 花儿开,

Niánqīngqīng ge nǚ'érjiā ya cǎi li me cǎi qīng lái ya,
年轻轻 个女儿家呀采里么采青来呀,

Xiǎo ya āgēge, xiǎo ya āgēge, xiǎo ya āgēge ya!
小呀阿哥哥,小呀阿哥哥,小呀阿哥哥呀!

Tuō yì bǎ shǒu guòlai.
托一把手过来。

Xiàjì li me jiù dàole zhè,
夏季里么就到了这,

Nǚ'ér xīn shang jiāo, nǚ'ér xīn shang jiāo,
女儿心上 焦,女儿心上 焦,

Shíliu huā gè zǐ'ér jiē de sàiguòle mǎnǎo ya,
石榴花个子儿结的赛过了玛瑙呀,

Xiǎo ya āgēge, xiǎo ya āgēge, xiǎo ya āgēge ya!
小呀阿哥哥,小呀阿哥哥,小呀阿哥哥呀!

Qīnshǒu me zhāi yì kē.
亲手么摘一颗。

Qiūjì li me jiù dàole zhè,
秋季里么就到了这,

Dānguì huā'ér xiāng, dānguì huā'ér xiāng,
丹桂花儿香,丹桂花儿香,

Nǚ'érjiā gè xīn'ér shang a qǐle gè bōlàng ya,
女儿家个心儿 上啊起了个波浪呀,

Xiǎo ya āgēge, xiǎo ya āgēge, xiǎo ya āgēge ya!
小呀阿哥哥,小呀阿哥哥,小呀阿哥哥呀!

Chě bu duàn qíngsī cháng.
扯不断情丝长。

Dōngjì li me jiù dàole zhè,
冬季里么就到了这,

Xuěhuā mǎn tiān fēi, xuěhuā mǎn tiān fēi,
雪花满天飞,雪花满天飞,

Nǚ'érjiā gè xīn'ér shì a sàiguò nà xuěhuā bái ya,
女儿家个心儿 是啊赛过那雪花白呀,

Xiǎo ya āgēge, xiǎo ya āgēge, xiǎo ya āgēge ya!
小呀阿哥哥,小呀阿哥哥,小呀阿哥哥呀!

Rènqīngle nǐ zài lái.
认清了你再来。

Xiǎo ya āgēge ya! Rènqīngle nǐ zài lái.
小呀阿哥哥呀!认清了你再来。

三、歌曲中的词语

1.	四季	sìjì	the four seasons
2.	春季	chūnjì	spring
3.	水仙	shuǐxiān	narcissus
4.	女儿家	nǚ'érjiā	girl
5.	采青	cǎi qīng	to pick green leaves
6.	托	tuō	to support with the hand
7.	夏季	xiàjì	summer
8.	焦	jiāo	worried; anxious
9.	子儿	zǐ'ér	seed
10.	玛瑙	mǎnǎo	agate
11.	亲手	qīnshǒu	with one's own hand
12.	摘	zhāi	to pick; to pluck
13.	颗	kē	a measure word for small spheres
14.	秋季	qiūjì	autumn
15.	丹桂	dānguì	orange osmanthus
16.	波浪	bōlàng	wave
17.	扯	chě	to pull
18.	断	duàn	broken
19.	情丝	qíngsī	lingering affection

20. 冬季	**dōngjì**	winter
21. 雪花	**xuěhuā**	snowflake
22. 认清	**rènqīng**	to see clearly

专有名词

青海	**Qīnghǎi**	Qinghai Province

1. <u>扯不断</u>情丝长

"扯不断"是可能补语否定式,肯定式是"扯得断"。可能补语表示趋向和结果可能或不可能实现,表示可能在补语前加"得",表示不可能在补语前加"不"。如:

(1)电话打得通。/电话打不通。

(2)生词不多,记得住。/生词太多了,记不住。

(3)箱子不重,我提得起来。/箱子太重了,我提不起来。

2. 认清了你<u>再</u>来

"再"在这里表示一个动作发生在另一个动作结束之后。如:

(1)咱们看完了这个节目再走。

(2)你把作业做完再出去。

(3)你想好了再说。

五、练习

（一）朗读下面的句子

1. 电话怎么都打不通。
2. 你找得到一个好工作吗？
3. 这件行李不重，我提得动。
4. 咱们写完作业再看电视吧。
5. 你想好了再告诉我吧。

（二）用指定词语或短语完成下面的句子

1. 你点了这么一大桌子菜，_____。（吃不完）
2. 这本小说，_____。（看得完）
3. A：你什么时候去买东西？
   B：_____。（再）
4. A：上次我问你的事情，你什么时候答复我？
   B：_____。（再）

（三）说一说

这首歌表达了什么样的感情？

（四）语言实践

在你们国家，有用季节变化表达爱情的民歌吗？如果有，请介绍一下或者唱一下。

第二十七课

Měilì de Cǎoyuán Wǒ de Jiā

美丽的草原 我的家

zuòcí: Huǒ Huá　　zuòqǔ: Ālāténg'àolè
作词：火　华　　作曲：阿拉腾奥勒

一、学唱

二、歌词朗诵

Měilì de cǎoyuán wǒ de jiā,
美丽的草原我的家，

Fēng chuī lǜcǎo biàn dì huā.
风吹绿草遍地花。

Cǎidié fēnfēi bǎi niǎo'ér chàng,
彩蝶纷飞百鸟儿唱，

Yì wān bìshuǐ yìng wǎnxiá.
一湾碧水映晚霞。

Jùnmǎ hǎosì cǎiyúnduǒ,
骏马好似彩云朵，

Niúyáng hǎosì zhēnzhū sǎ.
牛羊好似珍珠撒。

Ā ā hā hē yī!
啊啊哈嗬咿！

Mùyáng gūniang fàngshēng chàng,
牧羊姑娘放声唱，

Yúkuài de gēshēng mǎn tiānyá.
愉快的歌声满天涯。

Mùyáng gūniang fàngshēng chàng,
牧羊姑娘放声唱，

Yúkuài de gēshēng mǎn tiānyá.
愉快的歌声满天涯。

Měilì de cǎoyuán wǒ de jiā,
美丽的草原我的家，

Shuǐ qīng cǎo měi wǒ ài tā.
水清草美我爱它。

Cǎoyuán jiù xiàng lǜsè de hǎi,
草原就像绿色的海,
Zhānbāo jiù xiàng bái liánhuā.
毡包就像白莲花。
Mùmín miáohuì xìngfú jǐng,
牧民描绘幸福景,
Chūnguāng wànlǐ měi rú huà.
春光万里美如画。
Ā ā hā hē yī!
啊啊哈嗬咿!
Mùyáng gūniang fàngshēng chàng,
牧羊姑娘放声唱,
Yúkuài de gēshēng mǎn tiānyá.
愉快的歌声满天涯。
Mùyáng gūniang fàngshēng chàng,
牧羊姑娘放声唱,
Yúkuài de gēshēng mǎn tiānyá.
愉快的歌声满天涯。

三、歌曲中的词语

1. 遍地　　　　　　biàndì　　　　　　all over the place; everywhere

2. 彩蝶　　　　　　cǎidié　　　　　　butterfly with different colors

3.	纷飞	fēnfēi	(thick-falling snowflake, flowers, etc) to swirl in the air
4.	碧水	bìshuǐ	blue water
5.	映	yìng	to mirror
6.	晚霞	wǎnxiá	sunset clouds; rosy clouds just before sunset
7.	骏马	jùnmǎ	fine horse; steed
8.	好似	hǎosì	seem; be like
9.	彩云朵	cǎiyúnduǒ	colored cloud
10.	珍珠	zhēnzhū	pearl
11.	牧	mù	to herd
12.	放声	fàngshēng	to raise one's voice to the utmost
13.	天涯	tiānyá	the end of the world; the remotest corner of the earth
14.	毡包	zhānbāo	yurt
15.	莲花	liánhuā	lotus
16.	牧民	mùmín	herdsman
17.	描绘	miáohuì	to describe; to depict; to portray

18. 景	jǐng	scene; sight
19. 春光	chūnguāng	spring scenery
20. 如	rú	like; as

四、歌词中的语法

1. 骏马好似彩云朵，牛羊好似珍珠撒

"好似"的意思和"好像"一样，多用在书面语中。如：

（1）荷叶上的水滴好似珍珠。

（2）她的笑脸好似一朵盛开的花儿。

五、练习

（一）有感情地朗读下面的句子

1. 美丽的草原我的家，风吹绿草遍地花。
2. 彩蝶纷飞百鸟儿唱，一湾碧水映晚霞。
3. 骏马好似彩云朵，牛羊好似珍珠撒。
4. 牧羊姑娘放声唱，愉快的歌声满天涯。
5. 草原就像绿色的海，毡包就像白莲花。

(二) 连线

一弯　　　　　　　歌声

奔腾的　　　　　　图画

美丽的　　　　　　草原

愉快的　　　　　　新月

描绘　　　　　　　骏马

(三) 用"好似"完成下面的句子

1. 你看天上的圆月，_____。

2. 满山的羊群_____。

3. 人们幸福的笑脸_____。

(四) 语言实践

如果你的国家有草原或者你见过草原，请带一张照片来向大家介绍一下草原的样子。

第二十八课

Zhūmùlǎngmǎ
珠穆朗玛

Xīzàng míngē
西藏 民歌

一、学唱

1=D 4/4

中速 神圣高洁

```
1 1 6 5 6 5 | 3 3 3 - | 1 1 6 5 6 5 | 6 6 6 |
珠穆朗  玛 啊啊,     珠穆朗   玛 啊啊,

1 1 1 2 3 5 | 3 3 3 - | 1 1 1 2 3 3 5 | 2 2 2 - |
{你高耸在人心 中,    你屹立在蓝天  下;
 你走进亲人梦 中,    你笑在高原藏  疆;

3 5 6 1 2  2 1 | 6 5 3 2 1 - | 2 2 2 3 5 6 | 1· 6 5 - |
你用爱的阳 光  抚育格桑花,  你把美的月光  洒 满
你那堂堂正 气 闪着 太阳的光华, 你用阵阵清风  温 暖

2 2 3 2 2 3 | 6 6 - - | 1 1 6 5 6 5 | 3 3 3 - |
喜马拉   雅。}       珠穆朗    玛!珠穆
大地妈   妈。
```

唱民歌 学汉语

```
3  3 6 5̲6̲5̲ | 6̲ 6̲ 6 - | 6 - - - | 3 3̲5̲ 6 5̲6̲ | 1 2̲3̲ 2̲1̲ 6 |
朗    玛!                          {我多想弹起  深情的弦 子
                                   {我多想跳起  热情的锅 庄

3̲ 2̲1̲ 3̲ 2̲3̲ | 6 6̲5̲ 6̲5̲ 3 | 6 6̲5̲ 6̲ 6̲1̲ | 1̲ 1̲ 6̲5̲ 3̲ 3 |
向你 倾诉着  不老的情 话:爱上  你,    珠穆朗 玛!
为你 献一条  洁白的哈 达:献给  你,    珠穆朗 玛!

5 6̲1̲ 2̲2̲ 3̲2̲3̲ | 6̲ 6̲ 6 - | 6 - - 0 :‖ 1̲ 1̲ 6 5̲6̲5̲ | 3 3̲ 3 - |
心中的珠穆朗      玛!              珠穆朗      玛!
圣洁的珠穆朗      玛!

3 3 - - | 3 - - - | 3 0 6 5̲6̲5̲ | 6 - - - | 6 - - - | 6 0 0 0 ‖
珠穆            朗       玛!
```

二、歌词朗诵

Zhūmùlǎngmǎ à à, Zhūmùlǎngmǎ, à à,
珠穆朗玛啊啊,珠穆朗玛啊啊,

Nǐ gāosǒng zài rén xīn zhōng,
你高耸在人心中,

Nǐ yìlì zài lántiān xià;
你屹立在蓝天下;

Nǐ yòng ài de yángguāng fǔyù gésānghuā,
你用爱的阳光抚育格桑花,

Nǐ bǎ měi de yuèguāng sǎmǎn Xīmǎlāyǎ.
你把美的月光洒满喜马拉雅。

Zhūmùlǎngmǎ! Zhūmùlǎngmǎ!
珠穆朗玛!珠穆朗玛!

Wǒ duō xiǎng tánqǐ shēnqíng de xiánzi
我多想弹起深情的弦子

Xiàng nǐ qīngsùzhe bù lǎo de qínghuà:
向你倾诉着不老的情话：

Àishang nǐ, Zhūmùlǎngmǎ!
爱上你,珠穆朗玛！

Xīn zhōng de Zhūmùlǎngmǎ!
心中的珠穆朗玛！

Zhūmùlǎngmǎ à à, Zhūmùlǎngmǎ à à,
珠穆朗玛啊啊,珠穆朗玛啊啊,

Nǐ zǒujìn qīnrén mèng zhōng,
你走进亲人梦中,

Nǐ xiào zài gāoyuán zàngjiāng;
你笑在高原藏疆；

Nǐ nà tángtáng zhèngqì shǎnzhe tàiyáng de guānghuá,
你那堂堂正气闪着太阳的光华,

Nǐ yòng zhènzhèn qīngfēng wēnnuǎn dàdì māma.
你用阵阵清风温暖大地妈妈。

Zhūmùlǎngmǎ! Zhūmùlǎngmǎ!
珠穆朗玛！珠穆朗玛！

Wǒ duō xiǎng tiàoqǐ rèqíng de guōzhuāng
我多想跳起热情的锅庄

Wèi nǐ xiàn yì tiáo jiébái de hǎdá:
为你献一条洁白的哈达：

Xiàngěi nǐ, Zhūmùlǎngmǎ!
献给你,珠穆朗玛！

Shèngjié de Zhūmùlǎngmǎ!
圣洁的珠穆朗玛！

Zhūmùlǎngmǎ! Zhūmùlǎngmǎ!
珠穆朗玛！珠穆朗玛！

三、歌曲中的词语

1.	蓝天	lántiān	blue sky
2.	阳光	yángguāng	sunlight; sunshine
3.	抚育	fǔyù	to foster; to nurture; to tend
4.	格桑花	gésānghuā	Gesang flower. Gesang means happiness in Tibetan language, so it is also called happiness flower.
5.	月光	yuèguāng	moonlight; moonshine
6.	弦子	xiánzi	a popular name for sanxian, a three-stringed plunked instrument
7.	倾诉	qīngsù	to pure out (one's heart, troubles, etc)
8.	情话	qínghuà	sweet words
9.	亲人	qīnrén	one's family members
10.	梦	mèng	dream

11. 高原	gāoyuán	plateau
12. 堂堂正气	tángtáng zhèngqì	sonorous integrity
13. 闪	shǎn	to flash; to sparkle; to shine
14. 光华	guānghuá	brilliance; splendour
15. 温暖	wēnnuǎn	to warm
16. 大地	dàdì	mother earth; earth
17. 锅庄	guōzhuāng	folk dance of the Zang nationality
18. 洁白	jiébái	spotless white; pure white
19. 哈达	hǎdá	Hada, a piece of silk (white in color) used as a greeting gift among the Zang and Mongol nationalities
20. 圣洁	shèngjié	holy and pure

专有名词

1. 珠穆朗玛	Zhūmùlǎngmǎ	Qomolangma (known to the West as Mount Everest)
2. 西藏	Xīzàng	The Tibet Autonomous Region
3. 喜马拉雅	Xǐmǎlāyǎ	Himalaya

四、歌词中的语法

1. 你把美的月光洒满喜马拉雅

这是一个"把"字句。谓语动词带有"把"字结构作状语的句子,叫"把"字句。"把"字句强调动作对"把"的宾语如何处置和处置的结果。

"把"字句的格式是:

主语 + 把 + 被处置的事物 + 动词 + 其他成分

你	把	书	放	在桌子上。
我们	把	教室	打扫	得很干净。
她	把	作业	做	完了。
王林	把	词典	忘	在家里了。

2. 你用阵阵清风温暖大地妈妈

"阵"在这里是名量词,重叠后作定语,修饰"清风"。重叠的名量词作定语,有表示所修饰的事物"众多、复杂、多彩"的意思。如:

(1)枝头上开着朵朵红花。

(2)照片上的张张笑脸让我想起了以前的日子。

五、练习

(一)有感情地朗读歌词,注意语调

（二）选择恰当的词语填空，每个词只能用一次

高耸　屹立　洒满　弹起　倾诉　献　阵阵

1. 在（　　）阳光的午后，坐在窗前，静静地读一本书。
2. 每当我（　　）这首熟悉的曲子，就会想起我的钢琴老师。
3. （　　）入云的高楼（　　）在街道两边。
4. 人们纷纷给他（　　）花。
5. 我的心事，又能向谁（　　）呢？
6. （　　）美妙的歌声传来，让人陶醉。

（三）用"把"字句完成下面的句子

1. 老师要求我们明天_____。
2. _____，我就告诉你妈妈。（不把）
3. 教室里太冷了，_____。

（四）语言实践

1. 介绍一下珠穆朗玛峰。
2. 在你们国家，最高的山峰是哪一座？有没有关于它的诗或歌曲？如果有，向大家介绍一下。

第二十九课

Lánhuāhua
蓝花花

Shǎnběi mínge
陕北 民歌

1=F 2/4

中速

| 6 7 | 6 6 5 | 6 7 | 6 ⌢ | 5 6 | 3 2 2 | 1 | 6· |

1. 青线　线那个　蓝线　线，　蓝格　英英的　采，
2. 五谷　里的　田苗　子，　唯有　高粱　高，
3. 正月　里那个　说媒　来，　二月　里班子　订，
4. 三班　子那个　吹来　，　两班　子西　打，
5. 蓝花　花那个　下轿　来，　东望　西望　找，
6. 你　要　死　来，　你早　地　死，
7. 手提　上那个　羊羔　肉，　怀里　揣上　糕，
8. 我见　到我的　情哥　哥，　有说　不完的　话，

第二十九课

```
2 3  5 5  | 3 6  5 3 | 2 3 2 1  6 5 | 6 - ‖
```

生下	一个	蓝花	花，	实 实的	爱死	人。
一十	三省的	女儿	啊，	唯有那个	蓝花花	好。
三月	里	交大	钱，	四 抬	进了	家。
撒下	我的	情哥	哥老	好 后	像哟	家。
找见	周家的	猴子	来，	家 长	晌我	蓝花花	坟。
前	晌上	死	往哥	生		里一	走。
冒上	你	活	哥				跑。
咱	性命	死	哟					搭。
|们俩|					

二、歌词朗诵

Qīng xiànxian nàge lán xiànxian, lán gé yīng yīng de cǎi,
青 线线那个蓝线线，蓝格英 英的采，

Shēngxia yíge lánhuāhua, shíshí de àisǐ rén.
生下 一个蓝花花，实实的爱死人。

Wǔgǔ li de tiánmiáozi, wéiyǒu gāoliang gāo,
五谷里的田苗子，唯有高粱 高，

Yīshísān shěng de nǚ'ér a, wéiyǒu nàge lánhuāhua hǎo.
一十三省 的女儿啊，唯有那个蓝花花好。

Zhēngyuè li nàge shuō méi, èryuè li dìng,
正月 里那个说媒，二月里订，

Sānyuè li jiāo dàqián, sìyuè li yíng.
三月里交大钱，四月里迎。

Sān bānzi nàge chuī lái, liǎng bānzi dǎ,
三班子那个吹来，两班子打，
Piēxià wǒ de qíng gēge, táijìnle Zhōu jiā.
撇下我的情哥哥，抬进了周家。

Lánhuāhua nàge xià jiào lái, dōng wàng xī zhǎo,
蓝花花那个下轿来，东望西找，
Zhǎojiàn Zhōu jiā de hóulǎozi, hǎoxiàng yí zuò fén.
找见周家的猴老子，好像一座坟。

Nǐ yào sǐ lái, nǐ zǎozao de sǐ,
你要死来，你早早地死，
Qiánshǎng nǐ sǐ lái, hòushǎng wǒ lánhuāhua zǒu.
前晌你死来，后晌我蓝花花走。

Shǒu tíshang nàge yángròu, huáili chuāishang gāo,
手提上那个羊肉，怀里揣上糕，
Màoshang xìngmìng wǒ wǎng gēge jiāli pǎo.
冒上性命我往哥哥家里跑。

Wǒ jiàndào wǒ de qíng gēge, yóu shuō bu wán de huà,
我见到我的情哥哥，有说不完的话，
Zánmen liǎ sǐ huó yo cháng shēng yīdā.
咱们俩死活哟长生一搭。

1. 线　　　　　xiàn　　　　　thread

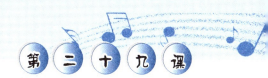

2. 生	shēng	to give birth to
3. 实实	shíshí	indeed (*dialect*)
4. 五谷	wǔgǔ	food crops
5. 田苗子	tiánmiáozi	crop seedling (*dialect*)
6. 高粱	gāoliang	kaoliang, Chinese sorghum
7. 说媒	shuōméi	to act as matchmaker
8. 订	dìng	to be engaged to
9. 大钱	dàqián	betrothal money for the bride's family (*dialect*)
10. 迎	yíng	to get married
11. 班子	bānzi	old theatrical group
12. 撇	piē	to cast aside
13. 轿	jiào	sedan
14. 猴老子	hóulǎozi	prematurely old man (*dialect*)
15. 坟	fén	grave; tomb
16. 早早	zǎozao	early
17. 前晌	qiánshǎng	morning (*dialect*)
18. 后晌	hòushǎng	afternoon (*dialect*)
19. 糕	gāo	cake
20. 冒	mào	to risk

| 21. 性命 | **xìngmìng** | life (of a man) |
| 22. 一搭 | **yīdā** | together (*dialect*) |

专有名词

| 蓝花花 | **Lánhuāhua** | the girl's name |

1. 生下一个蓝花花，实实的<u>爱死</u>人

这里的"……死"表示程度很高，有夸张的意味，常用在表示感受的形容词后面。如：

(1) 他怎么还不来？真是急死人。

(2) 赶快开空调，热死我了！

(3) 最近我都要忙死了。

2. <u>生下</u>一个蓝花花

　<u>撇下</u>我的情哥哥

"动词+下"在这里表示动作的结果，有"分离、脱离"的意思。如：

(1) 她脱下外套，开始准备晚饭。

(2) 男孩儿摘下一朵小花儿，送给了她。

3. 蓝花花那个下轿来，<u>东望西</u>找

"东……西……"表示"这里……那里……"，有"四处、到处"的意思。如：

第二十九课

东奔西跑　　东张西望　　东倒西歪

东躲西藏　　东一句,西一句

五、练习

(一) 用指定的词语或句型完成下面的句子

1. 哎哟哎哟,_____。(形容词+死了)
2. 你看你这孩子,几天都不回家,_____。
　　　　　　　　　　　　　　　　　　(把+……+形容词+死了)
3. 考试的时候,_____。(东张西望)
4. 你看你这篇文章,完全是_____。(东拼西凑)
5. 为了养家糊口,他_____,
　　一个人到外面打工去了。　　　　　　　　(丢下)
6. 这不是你的东西,_____。(放下)

(二) 课堂讨论

1. 这首民歌讲述了怎样的一个故事?
2. 中国古代有一个著名的爱情故事,叫"梁山伯与祝英台",请找到这个故事,比较一下它和这首民歌中的故事情节有哪些相同或不同的地方。

(三) 语言实践

找一首关于"爱情"的古诗,朗读几遍,体会其中的含意。

第三十课

吐鲁番的葡萄熟了
Tǔlǔfān de Pútao Shóu le

作词：瞿 琮　　作曲：施 光南

一、学唱

$1=F$ $\frac{2}{4}$

(6 7 1̇ | 1̇ 7̇1̇7̇ | 676565 | 343232 | 121717 | 676565 | 3 - | 3 56 7176 65 | 3 -

3 56 7176 | 6 6 3 636 | 0 11 7176 :‖ 6 6 3 636 | 0 11 7176) | 0 67 12 | 3·2 43 3
　　　　　　　　　　　　　　　　　　　　　　　　　　　　　　　　　克里木　参　军
　　　　　　　　　　　　　　　　　　　　　　　　　　　　　　　　　葡萄园　几　度

0 34 56 | 5·4 53 3 | 0 56 6 676 | 5·6 54 533 | 0 23 2132 | 2 -
去　到边　哨，临行时　种　下了　一棵葡　萄，
春　风秋　雨，小苗儿　已　长得　又壮又　高，

2) 12 33 | 3·2 34 566 | 6 6 56 543 | 5432 1 07 | 6712 333
果园的姑　娘哦阿娜　尔罕　哟，精心培育这
当枝头结　满了果实　的　时　候，传来克里木

3243 2·2 | 2132 176 | 6 - | 6 (71 2345 |⁵6 - | 6 - | 0 566
绿　色的小　　　苗。　　啊！　　　　引来了
立　功的喜　　　报。　　啊！　　　　姑娘啊

6·567 1̇ | 7 67 653 | 3 - | 0 566 | 6·567 1̇·1̇ | 7 67 653 | 3 -
雪　水把它浇　灌，搭起那藤　架让阳光照　耀，
遥　望雪山哨　卡，捎去了一　串串甜美的葡　萄，

174

二、歌词朗诵

Kèlǐmù cān jūn qù dào biānshào,
克里木参军去到边哨,

Línxíng shí zhòngxiàle yì kē pútao,
临行时种下了一棵葡萄,

Guǒyuán de gūniang o Ānà'ěrhǎn yo,
果园的姑娘哦阿娜尔罕哟,

Jīngxīn péiyù zhè lǜsè de xiǎo miáo.
精心培育这绿色的小苗。

Ā!
啊!

Yǐnláile xuěshuǐ bǎ tā jiāoguàn,
引来了雪水把它浇灌，

Dāqi nà téngjià ràng yángguāng zhàoyào,
搭起那藤架让阳光照耀，

Pútao gēn'ér shēngzhǎng zài wòtǔ,
葡萄根儿生长在沃土，

Chángcháng wàn'ér zài xīntóu chánrào,
长长蔓儿在心头缠绕，

Chángcháng de wàn'ér zài xīntóu chánrào.
长长的蔓儿在心头缠绕。

Pútaoyuán jǐ dù chūnfēng qiūyǔ,
葡萄园几度春风秋雨，

Xiǎo miáo'ér yǐ zhǎng de yòu zhuàng yòu gāo,
小苗儿已长得又壮又高，

Dāng zhītóu jiēmǎnle guǒshí de shíhou,
当枝头结满了果实的时候，

Chuánlai Kèlǐmù lìgōng de xǐbào.
传来克里木立功的喜报。

Ā!
啊！

Gūniang a yáowàng xuěshān shàoqiǎ,
姑娘啊遥望雪山哨卡，

Shāoqule yí chuànchuàn tiánměi de pútao,
捎去了一串串甜美的葡萄，

Tǔlǔfān de pútao shóu le,
吐鲁番的葡萄熟了，

Ānà'ěrhǎn de xīn'ér zuì le,
阿娜尔罕的心儿醉了，

<pre>
Ānà'ěrhǎn   de xīn'ér zuì le.
阿娜尔罕的心儿醉了。

Tǔlǔfān   de pútao shóu le,
吐鲁番的葡萄 熟了，

Ānà'ěrhǎn   de xīn'ér zuì le,
阿娜尔罕的心儿醉了，

Ānà'ěrhǎn   de xīn'ér zuì le, xīn'ér zuì le.
阿娜尔罕的心儿醉了，心儿醉了。
</pre>

三、歌曲中的词语

1. 参军	cān jūn	to join the army; to enlist
2. 边哨	biānshào	border checkpoint
3. 临行	línxíng	before leaving
4. 果园	guǒyuán	orchard
5. 精心	jīngxīn	with the best of care; meticulously
6. 培育	péiyù	to breed; to cultivate
7. 苗	miáo	seedling
8. 引	yǐn	to divert (water)
9. 藤	téng	vine
10. 照耀	zhàoyào	to shine; to illuminate
11. 扎根	zhāgēn	to take root

12. 沃土	wòtǔ	rich soil; fertile soil
13. 蔓儿	wàn'ér	vine
14. 缠绕	chánrào	to intertwine
15. 度	dù	(a measure word for matters or actions) time
16. 春风秋雨	chūnfēng qiūyǔ	spring breeze and autumn rain, used to indicate that one year passed
17. 枝	zhī	branch
18. 果实	guǒshí	fruit
19. 传	chuán	to spread
20. 立功	lìgōng	to render meritorious service
21. 遥望	yáowàng	to view from a great distance
22. 雪山	xuěshān	a snow-capped mountain; a snowy mountain
23. 哨卡	shàoqiǎ	sentry post
24. 串	chuàn	a measure word (for a string of things)
25. 甜美	tiánměi	sweet; luscious

26. 醉   zuì   to revel in

专有名词

1. 吐鲁番   Tǔlǔfān   the Turfan Basin in Xinjiang Province
2. 克里木   Kèlǐmù   the boy's name
3. 阿娜尔罕   Ānà'ěrhǎn   the girl's name

四、歌词中的语法

1. 又壮又高

"又……又……"连接形容词或动词，表示两种形状或情况同时存在。如：

（1）他的房间又干净又明亮。

（2）那家商场的东西又便宜又好。

（3）大家高兴得又唱又跳。

2. 当枝头结满了果实的时候

"当……的时候"多用于主语前，有停顿，说明动词发生的时间。如：

（1）当他十岁的时候，父母带他来到中国。

（2）当我回来的时候，他已经睡着了。

（3）当我告诉她考试结果的时候，她激动地跳了起来。

五、歌词中的修辞手法：映衬

➡ 吐鲁番的葡萄熟了，阿娜尔罕的心儿醉了。

映衬，是为了突出主要事物，用类似的或相反的、相异的事物作陪衬。如：

(1) 风和日丽，鸟语花香，我的心里喜洋洋的。
(2) 大雪纷纷下个不停，北风呼呼刮着，大家心情沉重。
(3) 大地都睡着了，只有几只小虫还醒着。

六、练习

（一）有感情地朗读歌词，注意语调

（二）用指定的词语完成下面的句子

1. 哎哟哎哟，_____。（形容词+死了）
2. 这儿的苹果_____。（又……又……）
3. 我们的老师_____。（又……又……）
4. 他们俩_____，看上去真高兴。（又……又……）
5. _____，我看见了刘老师。（当……的时候）
6. _____，我就看亲人的照片。（当……的时候）

(三)课堂讨论

1. 这首民歌给我们讲述了怎样的一个故事。
2. 为什么说"吐鲁番的葡萄熟了","阿娜尔罕的心儿"就"醉了"?

(四)语言实践

　　问问你身边的中国朋友,他们听过这首歌吗?如果有新疆维吾尔族的朋友,请他们用维吾尔语唱一遍。

第三十一课

Sānshílǐpù
三十里铺

Shǎnběi míngē
陕北　民歌

一、学唱

1=D 2/4

| 1 2 2 | 5 1 6 | 5·6 52 | 5 - | 1 2 2 | 5 1 6 | 5·6 52 | 5 - |

1. 提起　　家来　　家　有　　名，　家住在　　绥德　　三十里铺　　村；
2. 三十　　里铺　　遇　大　　路，　拆了　　戏台　　修　马　　路；
3. 三哥哥　今年　　一　十　　九，　四妹子　今年　　一　十　　六；
4. 叫一声　凤英　　你不要　哭，　三哥哥　走了　　一　回　　来　哩；
5. 洗了　　手来　　和　白　　面，　三哥哥　今天　　上　前　　线；
6. 三哥哥　当兵　　戏楼　　站，　四妹子　又在　　崖畔上　站；
7. 三哥哥　当兵　　坡坡里　下，　四妹子　崖畔上　灰　塌　　塌；

| 1 4 5 | 1 1 6 | 5·6 52 | 5 - | 4·4 42 | 1 2 52 | 1 - |

1. 四妹子　爱见那　三　哥　　哥，　你是我的　知　心　　人。
2. 三哥哥　今年　　一　十　　九，　咱们二人　没盛　　够。
3. 人人说　咱二人　一天　对　定，你把我　　舍在半路　口。
4. 有什么　话儿　　拉在头　把两　你心里　　不要　　急。
5. 任务　　摊掉　　我　边　　把，　三心二年　不　得　　见。
6. 有心　　掉拉　　拉上　　句　　三心里　　害　　　烦。
7. 有心　　拉上　　两　　句　　话，　又怕　　人家笑　话。

第三十一课

 二、歌词朗诵

Tíqǐ jiā lái jiā yǒumíng,
提起家来家有名,

Jiā zhù zài Suídé Sānshílǐpù Cūn;
家住在绥德三十里铺村;

Sìmèizi ài jiàn nà sāngēge,
四妹子爱见那三哥哥,

Nǐ shì wǒ de zhīxīn rén.
你是我的知心人。

Sānshílǐpù yù dà lù,
三十里铺遇大路,

Chāile xìtái xiū mǎlù;
折了戏台修马路;

Sāngēge jīnnián yīshíjiǔ,
三哥哥今年一十九,

Zánmen èr rén méi shèng gòu.
咱们二人没盛够。

Sāngēge jīnnián yīshíjiǔ,
三哥哥今年一十九,

Sìmèizi jīnnián yīshíliù;
四妹子今年一十六;

Rénrén shuō zán èr rén tiān pèi jiù,
人人说咱二人天配就,

Nǐ bǎ wǒ shě zài bànlùkǒu.
你把我舍在半路口。

唱民歌学汉语

Jiào yì shēng Fèngyīng nǐ bù yào kū,
叫一声凤英你不要哭，

Sāngēge zǒule huílai li;
三哥哥走了回来哩；

Yǒu shénme huà'ér duì wǒ shuō,
有什么话儿对我说，

Xīnli bú yào hài jí.
心里不要害急。

Xǐle shǒu lái huó bái miàn,
洗了手来和白面，

Sāngēge jīntiān shàng qiánxiàn;
三哥哥今天上前线；

Rènwù tān zài Dìngbiān Xiàn,
任务摊在定边县，

Sān nián èr nián bù dé jiàn.
三年二年不得见。

Sāngēge dāng bīng xìlóu zhàn,
三哥哥当兵戏楼站，

Sìmèizi yòu zài yápàn shang zhàn;
四妹子又在崖畔上站；

Yǒuxīn diào tóu bǎ nǐ kàn,
有心掉头把你看，

Xīn litou hài máfan.
心里头害麻烦。

Sāngēge dāng bīng pōpo li xià,
三哥哥当兵坡坡里下，

Sìmèizi　　yápàn shang　huītātā;
四妹子崖畔上灰塌塌；

Yǒuxīn　lāshang liǎng jù huà,
有心拉上两句话，

Yòu pà　rénjia xiàohua.
又怕人家笑话。

三、歌曲中的词语

1. 妹子   mèizi   a young girl (*dialect*)
2. 遇   yù   to meet
3. 拆   chāi   to pull down
4. 戏台   xìtái   stage
5. 修   xiū   to build; to construct
6. 马路   mǎlù   road
7. 配   pèi   to mate
8. 舍   shě   to give up; to abandon
9. 半路口   bànlùkǒu   halfway; midway
10. 害急   hài jí   to worry; to feel anxious (*dialect*)
11. 面   miàn   wheat flour
12. 前线   qiánxiàn   frontline
13. 任务   rènwù   mission, task

14. 摊	tān	to assigned (*dialect*)
15. 当兵	dāng bīng	to be a soldier; to serve in the army
16. 戏楼	xìlóu	theatrical stage
17. 崖	yá	precipice; cliff
18. 畔	pàn	side
19. 掉头	diàotóu	to turn around; to turn about
20. 害	hài	to suffer from (*dialect*)
21. 灰塌塌	huītātā	spiritless; gloomy (*dialect*)
22. 人家	rénjia	other people

专有名词

1. 三十里铺	Sānshílǐpù	the name of the village
2. 绥德	Suídé	Suide County
3. 凤英	Fèngyīng	the name of Sanmeizi
4. 定边县	Dìngbiān Xiàn	Dingbian County

四、歌词中的语法

1. **拆了**戏台**修**马路
   洗了手来**和**白面

连动结构,表示第一个动作发生或完成后,会有第二个动作发生。第一个动作的发生或完成是第二个动作发生的时间或条件。如:

(1) 他打开门走了出去。

(2) 小明每天在家吃了睡,睡了玩儿。

(3) 我写了作业背课文,学习了一上午。

2. 又怕**人家**笑话

这里的"人家",相当于"别人",指自己或某人以外的人,所说的人是不确定的。如:

(1) 我没有男朋友,不要听人家乱说。

(2) 人家能做到的事情,我也能做到。

(3) 在教室里打电话会影响人家的。

"人家"还有另外两种常见的用法:一是相当于"他"或"他们",所说的人是确定的。如:

(1) 小张这次得到第一名,人家学习多努力啊!

(2) 主人不在,我们不能随便动人家的东西。

二是指说话人自己,相当于"我",一般是年轻女性多用,有撒娇的意味。如:

（1）你别再说了，人家不愿意听嘛！

（2）你们不来帮忙，还站在旁边笑人家，真讨厌！

五、练习

（一）用指定词语完成下面的句子

1. 明天＿＿＿＿＿＿＿＿＿＿＿＿＿＿＿＿＿＿＿＿。（……了就……）

2. 你每天＿＿＿＿＿＿＿＿＿＿＿＿＿＿＿＿＿＿。（……了……）

3. 你看＿＿＿＿＿＿＿＿＿＿＿＿＿＿＿＿＿＿＿。（人家小王）

4. ＿＿＿＿＿＿＿＿＿＿＿＿＿＿＿＿＿，你就别再说了。（人家）

（二）指出下面的句子使用了什么修辞方式

　　层递　　夸张　　映衬　　比喻

1. 时间一天一天地过去，一月一月地过去，一年一年地过去。（　　）

2. 大雪纷纷下个不停，北风呼呼刮着，大家心情沉重。（　　）

3. 飞流直下三千尺，疑是银河落九天。（　　）

4. 她的小嘴儿好似红樱桃。（　　）

（三）课堂讨论

1. 这首民歌讲述了一个怎样的故事？民歌中的"兵哥哥"是一个怎样的人？

2. 把这首歌跟《月亮走我也走》相比较,分析它们的异同点。

(四)语言实践

说一说汉语中有哪些词,可以用来形容分别时难舍难分的心情。

第三十二课

Wúxī Jǐng
无锡景

Jiāngsū míngē
江苏 民歌

一、学唱

1=C 2/4

中速

```
6 6 5   6 2 | 1 2 1 6   5 | 6 1 1   1 6 5 6 | 1 - |
```
1. 我有 一段 情 呀， 唱拨拉 诸公 如便 听，
2. 小小 无锡 城 呀， 盘古 到 真是 梅头 今当，
3. 无锡 去来 往 呀， 火车 真是 梅头 园渚，
4. 春天 去游 玩 呀， 顶好 算 奄脚 半边，
5. 第一个 好景致 呀， 要 惠山
6. 天下 第二 泉 呀，

```
1 1 2 | 3· 2 | 3· 2 | 1· 3   2 1 | 6· 1   5 |
```
1. 诸公 各 位 静 呀 静 心 呀，
2. 东南 西 北 共 有 城 门 呀，
3. 通运 桥 下 才 是 栈 房 呀，
4. 顶顶 写 意 坐 大 油 船 呀，
5. 顶顶 写 意 夏 天 避 暑 呀，
6. 泉水 碧 清 茶 叶 泡 香 片 呀，

```
6 1 6 5  3    | 1 1 2  | 6·1 5 | 6 1 6 5  3   |
```

1. 让　我　（末）　　唱　一　支　　无　　锡　　景　　　呀，
2. 一　到　（子）　　民　国　得　　蛮　　年　　份　　　呀，
3. 栈　房　里　　　　修　饰　拉　　太　　清　　爽　　　呀，
4. 梅　园　（末）　　靠　拉　笃　　多　　湖　　边　　　呀，
5. 山　路　（末）　　曲　折　对　　惠　　幽　　雅　　　呀，
6. 锡　山　（末）　　相　对　那　　　　　泉　　山　　　呀，

```
5 5  6·1 | 5 6 5 3  2   | 3 5 5  5 6 2 | 3 5 3 2  1  ‖
```

1. 细细　那　　　到　到　（末）　唱拨拉　诸　公　听　　　呀。
2. 新造　那　　　一　座　（末）　光　呀　光　复　门　　　呀。
3. 热闹　那个　　市　面　（末）　像　呀　像　申　江　观　呀。
4. 满园　那个　　梅　树　（末）　真　呀　真　奇　观　水店呀。
5. 水连　那个　　山　来　（末）　山　呀　山　连　佛　　　呀。
6. 山脚　下　　　两　半　边　　　开　个　泥　　店　　　呀。

二、歌词朗诵

Wǒ yǒu yí duàn qíng ya,
我有一段 情呀，

Chàng bō lā zhūgōng tīng,
唱　拨拉 诸公听，

Zhūgōng gèwèi jìng ya jìngjìngxīn ya,
诸公 各位静呀 静静心呀，

Ràng wǒ (me) chàng yì zhī Wúxī jǐng ya,
让我(末)唱一支无锡景呀，

Xìxì na dàodào (me) chàng bō lā zhūgōng tīng ya.
细细那到到(末) 唱 拨拉诸公 听呀。

Xiǎoxiǎo Wúxīchéng ya,
小小 无锡城呀，

Pángǔ dào rújīn,
盘古到如今，

Dōng nán xī běi gòng yǒu sì chéngmén ya,
东 南西北共有四城门 呀，

Yí dào (zi) mínguó yuánniánfèn ya,
一 到（子）民国 元年份呀，

Xīn zào nà yí zuò (me) guāng ya Guāngfùmén ya.
新造那一座（末）光 呀 光复门呀。

Wúxī qù lái wǎng ya,
无锡去来往呀，

Huǒchē zhēn biàndang,
火车真 便当，

Yùntōng qiáotù xia cái shì dà zhànfáng ya,
运通桥堍下才是大栈房呀，

Zhànfáng li xiūshì de mán qīngshuǎng ya,
栈房里修饰得蛮 清爽 呀，

Rènao nàge shìmiàn (me) xiàng ya xiàng Shēn Jiāng ya.
热闹那个市面（末）像呀像 申 江呀。

Chūntiān qù yóuwán ya,
春天 去游玩呀，

Dǐnghǎo shì Méiyuán,
顶好 是梅园，

Dǐngdǐng xièyì zuò zhī qìyóuchuán ya,
顶顶 写意坐只汽油船 呀，

Méiyuán (me) kàolādǔ Tài Hú biān ya,
梅园（末）靠拉笃太湖边呀，

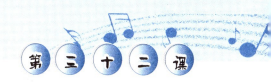

Mǎn yuán nàge méishù (me) zhēn ya zhēn qíguān ya.
满园那个梅树(末)真呀真奇观呀。

Dì-yī ge hǎo jǐngzhì ya,
第一个好景致呀,

Yào suàn Yuántóuzhǔ,
要算鼋头渚,

Dǐngdǐng xièyì xiàtiān qù bì shǔ ya,
顶顶写意夏天去避暑呀,

Shānlù (me) qūzhé duō yōuyǎ ya,
山路(末)曲折多幽雅呀,

Shuǐ lián nàge shān lái (me) shān ya shān lián shuǐ ya.
水连那个山来(末)山呀山连水呀。

Tiānxià dì-èr quán ya,
天下第二泉呀,

Huì Shān jiǎo bànbiān,
惠山脚半边,

Quánshuǐ bìqīng cháyè pào xiāngpiàn ya,
泉水碧清茶叶泡香片呀,

Xī Shān (me) xiāngduì na Huìquán Shān ya,
锡山(末)相对那惠泉山呀,

Shānjiǎo xia liǎng bànbiān kāi ge nífódiàn ya.
山脚下两半边开个泥佛店呀。

三、歌曲中的词语

1. 诸公	zhūgōng	(used in addressing a group of men) gentlemen
2. 各位	gèwèi	everybody (a term of address)
3. 静心	jìngxīn	with all worries set aside
4. 细细到到	xìxì dàodào	in detail (*dialect*)
5. 如今	rújīn	nowadays; now
6. 共	gòng	altogether; in all
7. 城门	chéngmén	city gate
8. 元年份	yuánniánfèn	the first year of a certain government
9. 去来往	qù lái wǎng	to come and go (*dialect*)
10. 便当	biàndang	convenient; easy; handy
11. 塊	tù	the ramp of a bridge
12. 栈房	zhànfáng	a dialect, inn (*dialect*)
13. 修饰	xiūshì	to decorate; to embellish

14. 蛮	mán	quite; pretty (*dialect*)
15. 清爽	qīngshuǎng	clean and tidy (*dialect*)
16. 热闹	rènao	bustling with noise and excitement
17. 市面	shìmiàn	the state of trade; business
18. 游玩	yóuwán	to go sight-seeing; to stroll about
19. 顶	dǐng	very; most; extremely
20. 汽油	qìyóu	petrol; gasoline; gas
21. 靠拉笃	kàolādǔ	to be close to; to be near (*dialect*)
22. 奇观	qíguān	marvelous spectacle; wonder
23. 景致	jǐngzhì	view; scenery; scene
24. 避暑	bì shǔ	to be away for the summer holiday; to spend a holiday at a summer resort
25. 曲折	qūzhé	tortuous; winding
26. 幽雅	yōuyǎ	(of a place) quiet and tastefully laid out

27. 连	lián	to link; to join; to connect
28. 天下	tiānxià	land under heaven; the world
29. 泉	quán	spring
30. 半边	bànbiān	half of sth.; one side of sth.
31. 泉水	quánshuǐ	spring water
32. 碧清	bìqīng	blue and clear
33. 茶叶	cháyè	tea leaves
34. 泡	pào	to make (tea)
35. 香片	xiāngpiàn	scented tea
36. 相对	xiāngduì	opposite to each other; face to face
37. 山脚	shānjiǎo	the foot of a mountain
38. 泥	ní	clay

专有名词

1. 无锡	Wúxī	Wuxi City
2. 盘古	Pángǔ	creator of the universe in Chinese myth
3. 民国	Mínguó	the Republic of China (1912—1949)

4. 光复门	Guāngfùmén	Guangfu Gate
5. 运通桥	Yùntōngqiáo	Yuntong Bridge
6. 申江	Shēn Jiāng	here refers to Shanghai
7. 梅园	Méiyuán	Plum Garden
8. 太湖	Tài Hú	Tai Lake
9. 鼋头渚	Yuántóuzhǔ	Tortoise Head Garden
10. 惠山	Huì Shān	Mount Hui, also called Mount Huiquan
11. 锡山	Xī Shān	Mount Xi
12. 惠泉山	Huìquán Shān	Mount Huiquan

四、歌词中的语法

1. <u>让</u>我唱一支无锡景呀

"让"在这里的意思是"致使、容许",后面带人称代词或名词。如：

（1）来晚了,让您久等了。

（2）请让我仔细想想。

（3）是谁让你把材料送来的？

2. <u>小小</u>无锡城

"小小"是形容词"小"的重叠。形容词重叠后作定语时,描写的程度加强,而且包含喜爱的感情色彩。如：

(1) 小女孩儿大大的眼睛,圆圆的脸,可爱极了。

(2) 绿绿的山、清清的水、静静的小村子,我的家乡是个好地方。

五、练习

(一) 选择恰当的词语填空,每个词只能用一次

小小　圆圆　弯弯　朵朵　阵阵　静静　个个

1. 你看这个小家伙,(　　)的眼睛,(　　)的鼻子,真可爱。
2. 我们班的同学(　　)都是体育健将。
3. 你听,(　　)美妙的歌声传来。
4. 花园里(　　)鲜花争奇斗艳。
5. (　　)的夜晚,就让我的思念伴你入眠。
6. (　　)的眉毛下是一双水汪汪的大眼睛。

(二) 选择恰当的词语填空

叫　使　让　给

1. 这个问题,请(　　)我再好好想想。
2. 我的手机昨天(　　)小偷儿(　　)偷了。
3. 这件事(　　)我明白了一个道理。
4. 妈妈寄(　　)我了一个包裹。

(三) 语言实践

1. 你去过中国的无锡吗？如果去过，请带来无锡的照片，给同学们介绍一下这座城市。

2. 你去过中国的哪些城市？介绍一下你的所见所闻。

生词总表

A

阿哥	15
阿妹	13
阿娜尔罕	30
阿斯利亚	18
哎	2
哎哟	6
爱情	3
敖包	4

B

白银	1
百草	9
柏	24
拜年	13
斑斑	1
班子	29
半边	32
半路口	31
豹	20
碧清	32
碧水	27
避暑	32
边防	19
边疆	19
边哨	30
扁担	20
便	24
便当	32
遍地	27
辫子	8
槟榔	16
冰山	3
拨	23
波浪	26
脖子	12
不断	22
不停	18
布谷鸟	18

C

财产	22

生词总表

采		春风秋雨	10		30
采青		春光	26		27
彩蝶		春季	27		26
彩云朵		纯洁	27		3
参军			30		
灿灿		**D**	18		
草原		达坂城	1		8
插曲		打猎	3		23
茶叶		大地	32		28
拆		大哥	31		14
柴		大姐	20		14
豺		大钱	20		29
缠绕		丹桂	30		26
长流水		当兵	6		31
尝		当家	16		14
扯		到处	26		18
晨曲		到来	4		4
城门		登	32		2
冲		等待	25		4
愁		底下	20		21
瞅		地下	6		7
揣		店	24		6
传		掉头	30		31
串		顶	30		32
炊烟		订	2		29
春分		定边县	13		31

201

丢手		6	纷飞		27
冬不拉		21	芬芳		18
冬季		26	坟		29
冬月		24	粉红		22
动人		22	风浪		6
陡坎		20	凤英		31
都达尔		23	抚育		28
独		25			
度		30		**G**	
端端		14	盖		1
断		26	盖头		5
对		24	赶		9
多情		17	赶快		16
朵		10	赶忙		16
舵		13	高粱		29
			高原		28
			糕		29
	E		鸽子		18
二来		14	歌唱		2
			歌手		21
	F		格桑花		28
发芽		10	各位		32
翻身		7	共		32
放声		27	谷米		2
飞歌		2	光复门		32
飞翔		17	光华		28
分手		19			

广阔		18	花园		18
归		16	怀		24
桂花		24	怀抱		6
滚		23	槐(树)		7
锅庄		28	欢唱		18
果实		30	欢笑		17
果园		30	灰塌塌		31
过		10	回头		19
			惠泉山		32
			惠山		32
H			活泼		22
哈叭		12	火		3
哈达		28			
哈萨克		17			
海底		25	**J**		
海面		17	吉祥		25
海鸥		17	几时		7
海棠		4	家乡		2
海洋		17	架		24
害		31	嫁		8
害急		31	嫁妆		8
好比		17	尖		24
好似		27	江苏		10
荷包		11	将		10
猴老子		29	浇灌		3
后响		29	焦		26
虎		20	轿		29

203

结		16	**L**	
洁白		28	拉话	6
解		6	腊月	24
金		22	来客	3
精心		30	来年	10
景		27	来往	21
景致		32	来由	11
静		19	篮	16
静心		32	蓝花花	29
酒浆		24	蓝天	28
菊花		24	郎	7
骏马		27	狼	20
			泪	6
	K		离去	3
开山斧		20	里头	6
砍		20	立功	30
看上		14	连	32
看望		18	莲花	27
康定		14	亮汪汪	15
靠拉笃		32	林园	25
颗		26	临行	30
可		15	铃子	12
可爱		23	留恋	22
克里木		30	流星	25
			柳	19

龙	7	苗	30		
龙船调	13	苗条	17		
露水	9	苗族	2		
路程	9	描绘	27		
骡子	12	民歌	1		
		民国	32		
M		名	21		
马车	8	明亮	5		
马路	31	明媚	22		
玛利亚	23	茉莉	10		
玛瑙	26	模样	5		
玛依拉	21	牡丹	24		
骂	10	牧	27		
蛮	32	牧歌	1		
冒	29	牧民	27		
玫瑰	21				
眉	5	**N**			
梅花	24	哪个	13		
梅园	32	耐心	4		
美	16	男子	14		
美丽	2	内蒙古	1		
妹娃	13	泥	32		
妹子	31	娘	7		
梦	28	鸟	16		
迷路	23	女儿家	26		
面	31	女子	14		

205

P

攀	7
盘古	32
畔	31
旁人	10
胖	9
抛弃	22
泡	32
陪伴	18
培育	30
配	31
蓬	7
皮鞭	22
飘	1
飘荡	2
撇	29
平	8
坡	15
葡萄	24

Q

齐	
奇观	
汽油	
前晌	
前线	31
强	16
强壮	23
亲切	17
亲人	28
亲手	26
琴弦	23
勤快	20
青	16
青春	3
青翠	25
青海	26
轻盈	25
倾诉	28
倾心	17
清	15
清风	15
清爽	32
清甜	25
情哥	11
情话	28
情妹	11
情人	18
情丝	26
秋季	26
求	11

| 13 |
| 32 |
| 32 |
| 29 |

206

曲折	32	洒		7	
去来往	32	赛		24	
泉	32	塞地		23	
泉水	32	三十里铺		31	
泉眼	6	煞		1	
群	1	山冈		20	
		山歌		9	
R		山脚		32	
燃烧	3	闪		28	
热闹	32	闪光		18	
人才	14	陕北		12	
人家	31	捎		19	
忍	3	芍药		24	
认清	26	少年		16	
任	14	哨卡		30	
任务	31	艄公		13	
日夜	18	蛇		6	
容貌	25	舍		31	
如	27	申江		32	
如果	4	身手		19	
如今	32	身旁		18	
入	23	神奇		28	
若	12	神仙		25	
		升		4	
S		生		29	
撒	1	生怕		6	

牲灵	12	四季	26		
圣洁	28	松	24		
盛开	18	酥油	17		
诗人	21	绥德	31		
时	6	随后	9		
石	8				
石榴	24	**T**			
实实	29	塔塔尔族	18		
实在	6	太湖	32		
使	3	摊	31		
世间	14	弹	21		
世上	25	探亲	13		
市面	32	堂堂正气	28		
似的	25	淌	15		
手巾	21	桃花	24		
首	21	藤	30		
梳头	6	替	16		
霜	24	天长日久	6		
谁	16	天空	1		
水波	5	天下	32		
水晶宫	25	天涯	27		
水仙	26	田	2		
说媒	29	田苗子	29		
丝带	11	甜	5		
四川	14	甜美	30		
四海	24	挑	20		

生词总表

偷		6	无比		25
头里		9	无锡		32
吐鲁番		30	五谷		29
吐		25	妩媚		25
块		32	舞姿		25
托		26			

W

瓦利		21
弯		5
晚霞		27
婉转		23
万		6
蔓儿		30
忘记		6
望		2
望见		15
唯有		6
维吾尔族		5
尾		6
喂		23
温暖		28
闻		24
沃土		30
屋檐		21
无		9

X

西瓜		8
西口		6
西藏		28
稀罕		20
锡山		32
喜报		19
喜马拉雅		28
喜洋洋		20
戏楼		31
戏台		31
细细到到		32
匣		6
下凡		25
下面		1
夏季		26
掀起		5
鲜		3
鲜花		18
弦子		28

显	19		Y	
线	29	牙齿		21
羡慕	21	崖		31
献	17	眼		5
相对	32	艳		25
相依	23	阳光		28
香片	32	腰		11
香甜	17	遥望		30
象征	3	遥远		22
笑话	10	咬		12
笑脸	22	野草		9
歇脚	19	夜莺		25
心爱	17	一搭		29
心花开放	17	一来		14
心头	6	伊万		23
新鲜	25	衣裳		22
性命	29	已		16
修	31	引		30
修饰	32	樱桃		5
绣	11	迎		29
悬岩	20	影片		3
雪白	1	映		27
雪花	26	硬		8
雪山	30	忧愁		6
血液	3	幽雅		32
		悠悠		15

210

游玩	32	栈房	32		
有心	10	张望	22		
与	6	帐房	22		
雨水	4	招	12		
遇	31	朝霞	25		
元年份	32	照	14		
园	10	照耀	30		
鼋头渚	32	珍珠	27		
远方	2	阵	15		
愿	22	正月	9		
月光	28	正当	23		
云彩	4	枝	30		
云南	7	知心	6		
云霞	23	只要	4		
运通桥	32	只有	25		
		珠穆朗玛	28		
		诸公	32		
Z					
早早	29	壮	16		
造	24	追	19		
贼	6	子儿	26		
扎根	30	自	24		
摘	26	自由	25		
毡包	27	醉	30		
盏	12				

中国地域辽阔,民族众多。地形、气候、物产、文化等极其复杂,在民歌艺术方面更是蔚为大观。因此,著名音乐学家杨荫浏教授曾经指出,"中国是民歌的海洋"。早在20世纪90年代初期,笔者就在武汉大学留学生教育学院以选修课的形式开设过中国民歌欣赏课,共计两个学期,效果非常好。有几个留学生在学唱了《小河淌水》之后,倚靠在武汉大学珞珈山枫园宿舍黄昏的阳台上,轻声地唱:

哥像月亮天上走,天上走!
哥啊!哥啊!哥啊!
山下小河淌水清悠悠。

一阵清风吹上坡,吹上坡!
哥啊!哥啊!哥啊!
你可听见阿妹叫阿哥!

当时,我正好从那几个留学生的阳台下面路过,亲耳听到了同学们的歌声。当时,正值夕阳西下,秋风习习,枫叶飘飘,此情此景,正应了孟子"仁言不如仁声之入人深也",荀子"夫声乐之入人也深,其化人也速"的话。中国民歌的旋律积极健康,节奏明快奔放,情感质朴淳厚,尤其是其歌词清丽直率、浑然天成,而又韵味无穷,深刻地体现了中国各族人民的价值观念、审美追求和民族风情,实在是我们对外汉语教学的一片沃土。德国音乐家舒曼说得好:"留神细听所有的民歌,因为它们是最优美的旋律的宝库。它们会打开你的眼界,使你注意到各种不同的民族性格。"这应该是我们编写这本教材的初衷。

编 后 记

但是,学唱中国民歌,并不仅仅只是学习中国文化,因为歌词部分也深具特色。我在拙著《对外汉语教学的文化透视》中对这个问题有过专门的讨论:

学习民歌,首先要练习发音。作为一种作曲的原则,歌曲总是要通过汉字、词语的表达来传情达意。与汉语的重音、轻音和语调有相通之处的是,在歌曲中,与重要的思想相关的语句就会用重音表达,情深意浓的时候,就会回肠荡气,一唱三叹,而不太重要的歌词,或过渡性的语句,往往就会一带而过。所以通过学习民歌,可以强化留学生发音机能的训练,可以夸张性地对他们的喉、唇、齿、舌以及吸气、呼气的统一协调等各个方面进行必要的训练,此其一。通过学习民歌,我们可以强化学生对汉语的语感、语调及相关的发音训练,民歌的歌唱形式往往是一唱三叹,情感单纯而炽烈,语言质朴而深刻,因此,通过艺术的表达,我们往往可以通过寓教于乐、潜移默化的形式,达到我们在正规的语言教学中很难达到的目的,此其二。民歌在各类歌曲中,词语发音的清晰度是最高的,因为装饰音少,半音少,质朴、纯真,因此很适合初、中阶段学习汉语的留学生进行提高听力的训练,听懂了一段歌词,就一定能够听得懂同样的一段汉语,此其三。(《对外汉语教学的文化透视》,北京大学出版社,第59-60页)

当然,相关的讨论远远不只这些。但是,正是基于这些思考,长期以来,编写这部教材的想法就一直在我心中挥之不去。一次偶然的机会,我把心中的想法与老师们一沟通,没想到大家热烈响应,于是我们的编写工作就这样开始了。也就是在这一年,我们学院把中国民歌欣赏课作为武汉大学选修课上报教务部备案,成为我们课程改革的举措之一。与此同时,我们开始了这部教材漫长而有趣的编写历程。2010年,为了配合这部教材的编写,我们学院又再次开设了中国民歌欣赏课,并且由笔者亲自担任任课教师。这一次开课目的与上两次有些不同,我们不仅仅是在教唱民歌,更是在试验我们全力以赴编写的这本教材。

在整个编写过程中,书名的揣摩、曲目的甄选、编写体例的确定,各位编写专家的工作安排,循环审定机制的设置与促进,反复审读并修改各位编者的稿件,都是

主编的职责。另外,主编还撰写了所有北方民歌17首的教师参考资料。整个教材的最后审定、统稿与定稿,以及使用说明和编后记的撰写也都是主编的工作。洪豆豆老师负责课文歌词、生词的拼音标注、英语翻译工作。周颖菁老师、刘莉妮老师负责歌词中语法点与修辞点的甄别、遴选与注释工作。刘姝老师负责全部教材课后练习的编制工作。熊莉老师撰写了所有南方民歌15首的教师参考资料。潘泰老师负责搜集mp3的专辑,扫描纸质歌词制作电子文本,根据HSK词汇大纲为生词分级,依据生词表,排列课文次序,审订英语翻译,编制课后生词总表等相关工作。

我们每一位参编的老师既是编写者,又是彼此之间相互审读的审阅者,大家齐心协力、取长补短、换位思考、补偏救弊。"务必细致,务必精准"是我们的原则,更是我们的义务。我们所有参编者互相交换撰写的内容,反反复复、认认真真地审阅,其认真的程度,不能言状。参编的各位老师,都是我们学院教学科研的精英,他们牺牲了很多节假日的温馨与闲暇,全身心地编写这部教材,长期坚持,旷日持久,十分令人感动。多年过去了,我也已经调到武汉大学中国传统文化研究中心很长时间了,但老师们与我一起工作生活的23个年头的情意却始终铭刻在我的心中,永远都是我人生最值得珍惜的精神财富。

北京大学出版社的很多编辑都在本书的体例、曲目、编写思想方面与笔者进行过多次深入的讨论。在本书的编辑出版过程中,沈浦娜老师、杜若明老师,特别是邓晓霞主任、王禾雨编辑、任蕾编辑都为本书付出了辛勤的劳动。这本教材是我们武汉大学与北京大学出版社同仁共同努力的结晶。在此教材即将出版之际,笔者谨代表全体参编老师一并表示衷心的感谢。

辛卯年(2011)四月初一

初稿于丹麦哥本哈根

戊戌年(2018)四月初五

修订于武汉珞珈山麓

欧阳祯人